발 행 일	2024년 08월 09일(1판 1쇄)
개 정 일	2025년 02월 03일(1판 2쇄)
I S B N	979-11-92695-12-9(13000)
정 가	14,000원
기 획	컴벤져스
집 필	이은경, 김지원
진 행	나은철
본문디자인	디자인앨리스
발 행 처	㈜아카데미소프트
발 행 인	유성천
주 소	경기도 파주시 정문로 588번길 24
홈 페 이 지	www.aso.co.kr

※ 이 책은 저작권법에 따라 보호를 받는 저작물이므로 무단 전재와 무단 복제를 금지하며, 이 책 내용의 전부 또는 일부를 이용하려면 반드시 ㈜아카데미소프트의 서면동의를 받아야 합니다.

한쇼 2022 기본 화면 구성

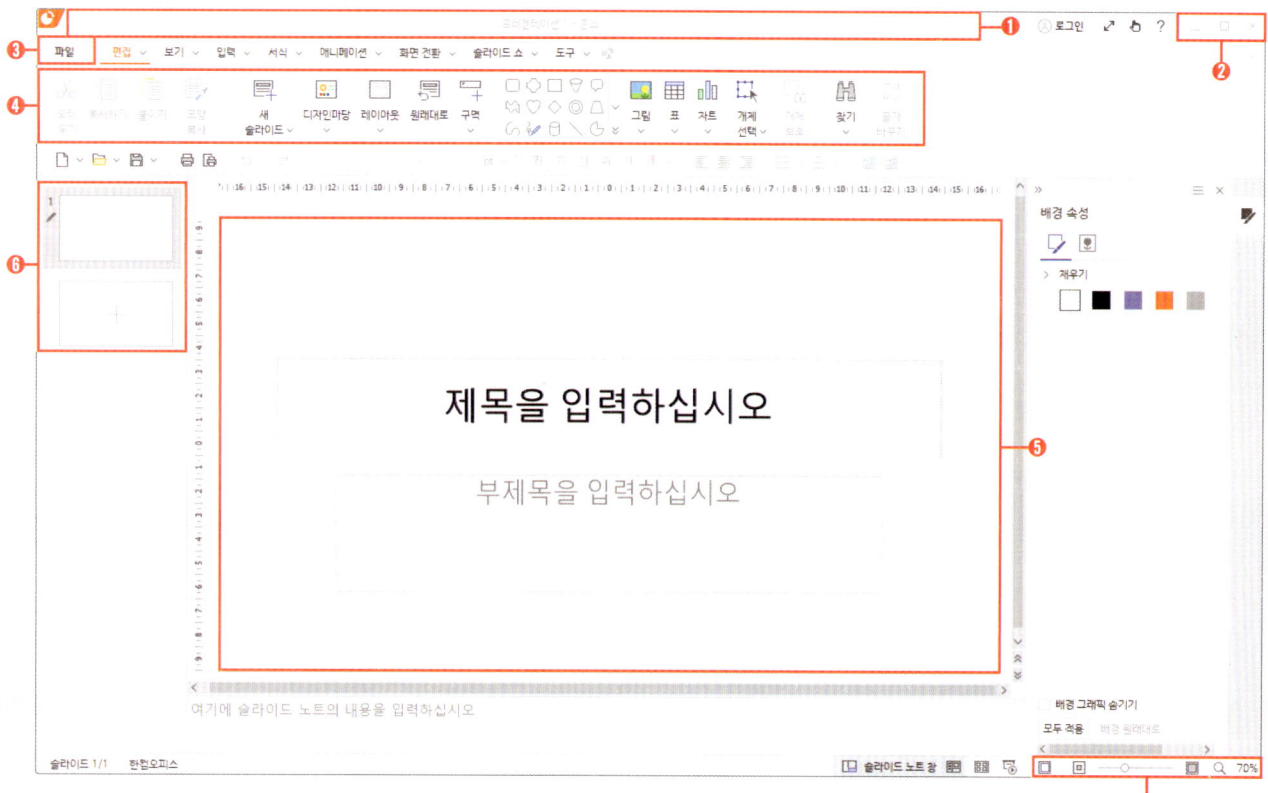

❶ **제목표시줄** : 작업 중인 문서의 파일명을 나타냅니다.

❷ **최소화/최대화/종료 버튼** : 작업 창 조절에 필요한 단추입니다.

❸ **[파일]** : 새 문서, 불러오기, 저장하기, 인쇄 등이 기본명령이 담겨있습니다.

❹ **기본 도구 상자** : 문서를 작성하는데 필요한 중요한 기능들이 담긴 메뉴 줄입니다. 탭을 선택하여 도구를 선택할 수 있습니다.

❺ **슬라이드 창** : 슬라이드에서 작업하는 공간입니다.

❻ **슬라이드 보기** : 모든 슬라이드를 미리 보기로 보여줍니다.

❼ **창 맞춤, 확대/축소** : 작업하는 슬라이드의 크기를 설정할 수 있습니다.

이런 내용으로 구성되어 있어요!

■ 완성작품 미리보기
각 장별로 스토리를 소개하고 완성 작품을 미리 확인할 수 있어요.

■ 본문 따라하기
한쇼 2022의 여러 가지 기능들을 체계적으로 학습할 수 있도록 구성되어 있어요.

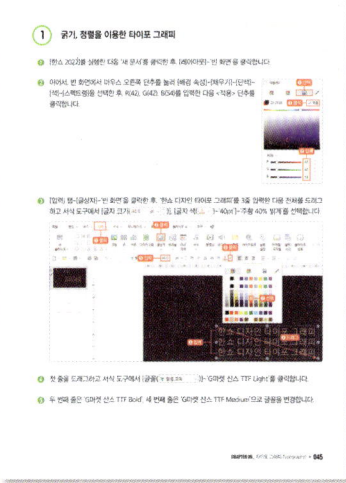

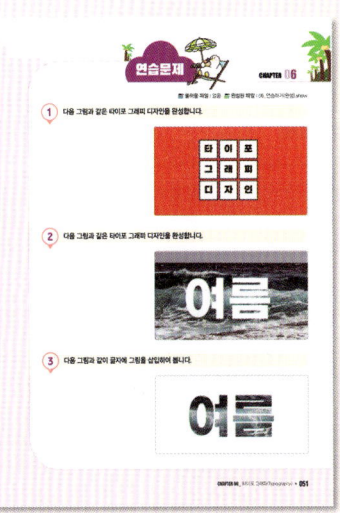

■ 연습문제
앞에서 배운 내용을 다시 한 번 복습할 수 있도록 연습문제를 제공합니다. 그리고 중간평가와 종합평가로 배운 내용을 점검할 수 있도록 구성되어 있어요.

CONTENTS

CHAPTER 01 — 한쇼의 기본 기능 익히기 — 006

CHAPTER 02 — 한쇼 빠른 스타일 지정하기 — 012

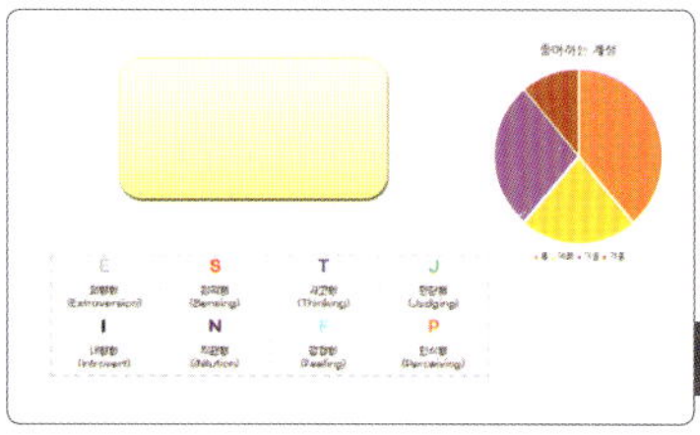

CHAPTER 03 — 텍스트 서식과 정렬하기 — 022

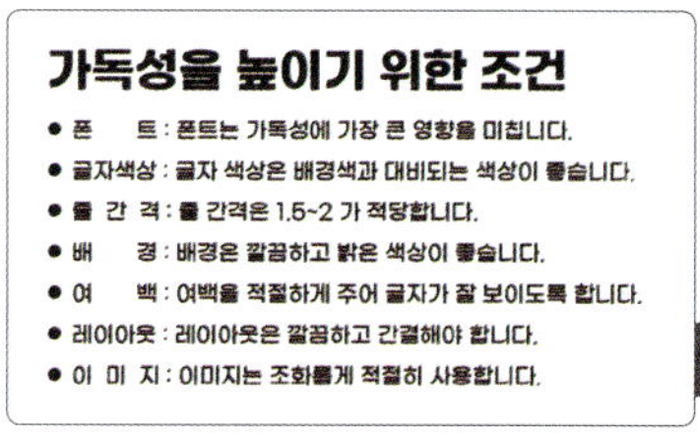

CHAPTER 04 — 그림 삽입과 편집하기 — 030

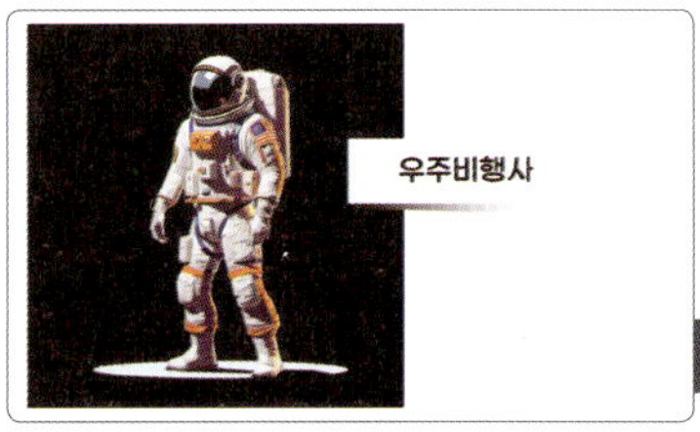

CHAPTER 05 — 이미지의 일부분만 강조해서 포인트 주기 — 038

CHAPTER 06 — 타이포 그래피 (Typography) — 044

CHAPTER 07 — 아이콘과 패턴으로 디자인하기 — 052

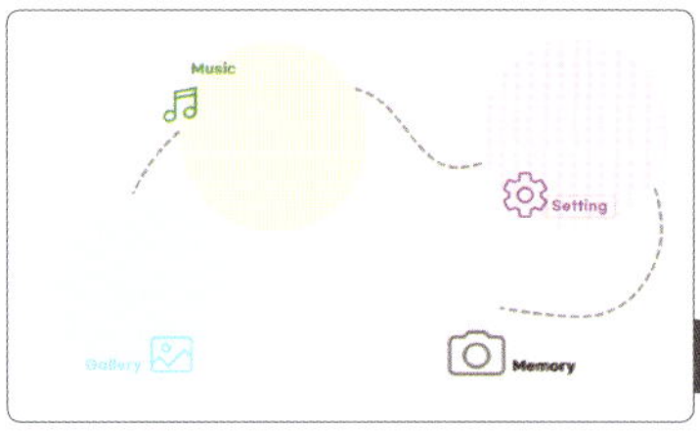

CHAPTER 08 — 표를 활용해서 디자인하기 — 058

CHAPTER 09 — 다이어그램으로 디자인하기 — 066

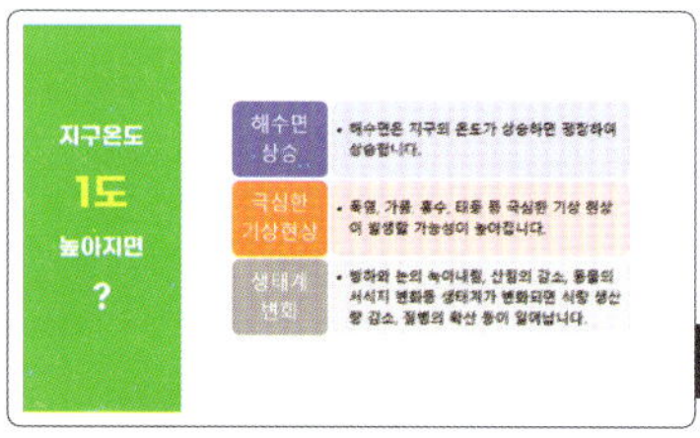

CHAPTER 10 — 새 도형을 만들어서 디자인하기 — 072

CHAPTER 11 — 네온사인 디자인하기 — 078

CHAPTER 12 — 디자인 차트 만들기 — 084

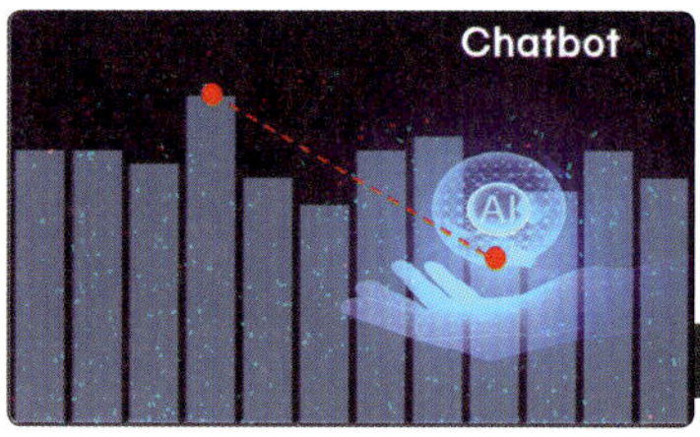

중간평가 — 092

CHAPTER 01 한쇼의 기본 기능 익히기

학습목표
- 슬라이드의 크기 및 방향을 변경할 수 있습니다.
- 새 슬라이드를 추가하고 레이아웃을 변경할 수 있습니다.
- 슬라이드에 배경을 지정할 수 있습니다.
- 슬라이드를 복제하고 삭제할 수 있습니다.
- 한쇼 파일을 저장할 수 있습니다.

📁 불러올 파일 : 배경그림.jpg   📁 완성된 파일 : 한쇼완성.show

{ 오늘 배울 기능 }

슬라이드 크기 및 방향 변경하기, 레이아웃 추가/변경하기, 슬라이드 배경 넣기, 슬라이드 복제하기, 슬라이드 삭제하기

스토리 소개

한쇼는 텍스트, 이미지, 그래픽, 동영상 등을 활용하여 슬라이드 형식으로 프레젠테이션 자료를 만들 수 있습니다. 한쇼의 기본기능을 익히고 레이아웃과 배경을 변경해 봅니다.

1 슬라이드 크기 및 방향 변경하기

 [한쇼 2022]를 실행한 다음 '새 문서'를 클릭한 후, [서식] 탭-[슬라이드 크기]-'쪽 설정'을 선택합니다.

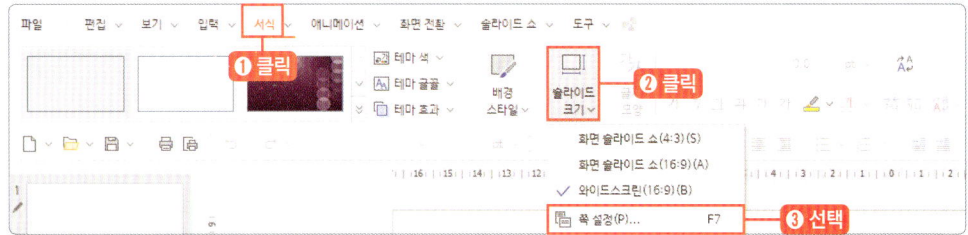

TIP
슬라이드 크기는 4:3, 16:9, 인쇄 규격(A4, B4 등)으로 지정하며 사용자 지정으로 직접 너비, 높이를 입력할 수 있습니다. 또한, 슬라이드 방향, 슬라이드 시작 번호도 쪽 설정 대화상자에서 설정할 수 있습니다.

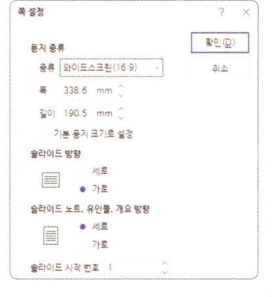

2 새 슬라이드 레이아웃 추가하기, 레이아웃 변경하기

❶ [편집] 탭-[새 슬라이드]-'내용 2개' 레이아웃을 선택합니다. 이어서, 선택한 레이아웃 슬라이드가 추가된 것을 확인할 수 있습니다.

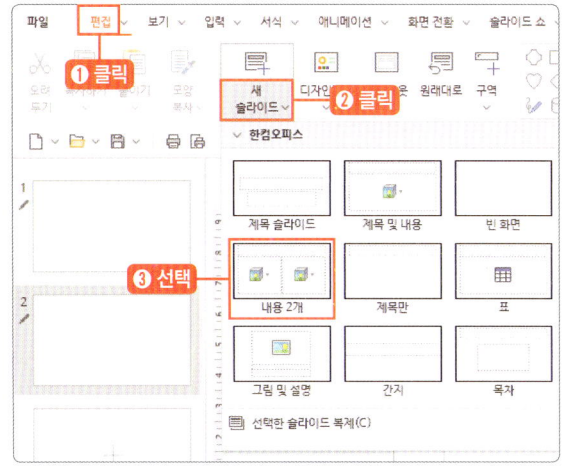

❷ [편집] 탭-[레이아웃]-'빈 화면'을 선택합니다. 이어서, 슬라이드는 추가되지 않고 레이아웃만 변경된 것을 확인할 수 있습니다. 같은 방법으로 첫 번째 슬라이드도 '빈 화면'으로 변경합니다.

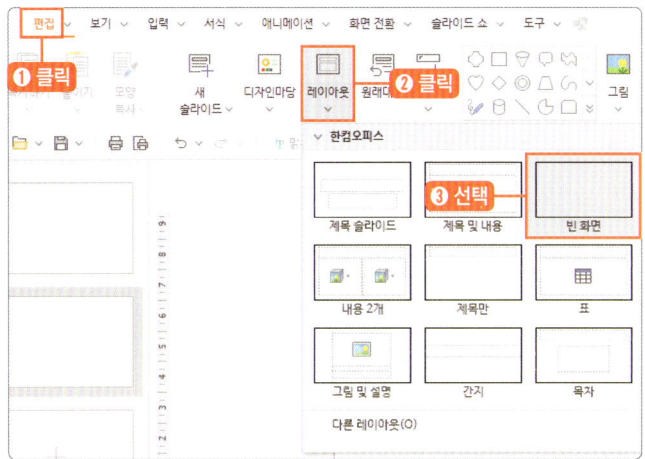

3 슬라이드 배경 채우기

❶ 첫 번째 슬라이드 보기를 클릭한 다음 Enter 키를 3번 눌러 슬라이드 5개를 만들고 마우스 오른쪽 단추를 눌러 [배경 속성]을 클릭합니다.

❷ [배경 속성] 창-[채우기]-[단색]-[색]에서 첫 번째 슬라이드 '주황', 두 번째 슬라이드 '밝은 연두색'을 클릭합니다.

❸ 세 번째 슬라이드를 클릭하고 [배경 속성] 창-[채우기]-[무늬]에서 무늬를 선택한 다음 [전경 색]-'시안', [배경 색]-'하양'을 선택합니다.

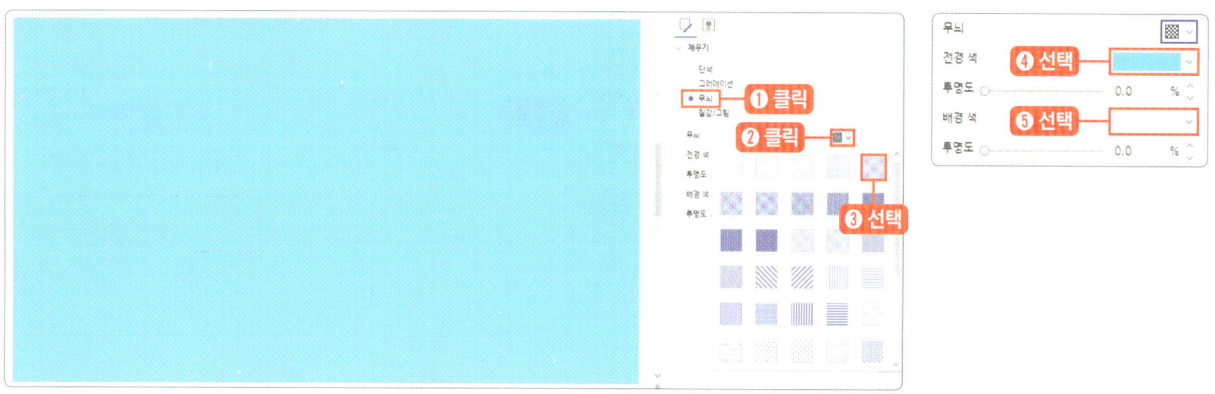

❹ 네 번째 슬라이드를 클릭하고 [배경 속성] 창-[채우기]-[그러데이션]을 클릭하고 [그러데이션 중지점]을 클릭하여 빨, 주, 노, 초, 파, 남, 보 순서대로 색을 넣어서 무지개 배경을 만들어 봅니다.

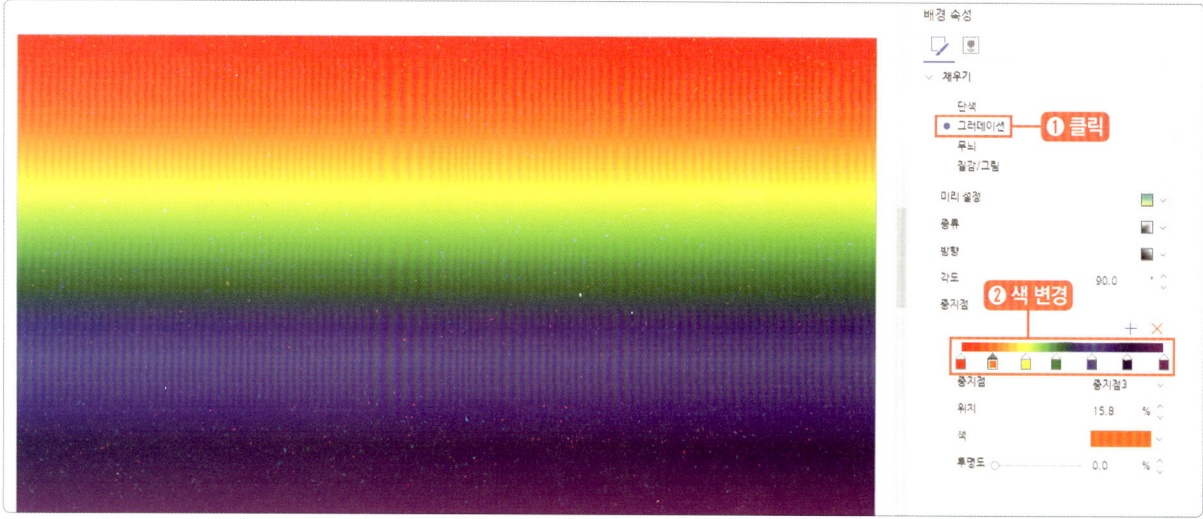

❺ 다섯 번째 슬라이드를 클릭하고 [배경 속성] 창-[채우기]-[질감/그림]을 클릭한 후, '바둑판식 배열'을 체크 해제합니다. 이어서, [그림]을 클릭합니다.

❻ [그림 넣기] 대화상자에서-[불러올 파일]-[CHAPTER 01]-'배경그림.jpg'를 선택하고 <열기> 단추를 클릭합니다.

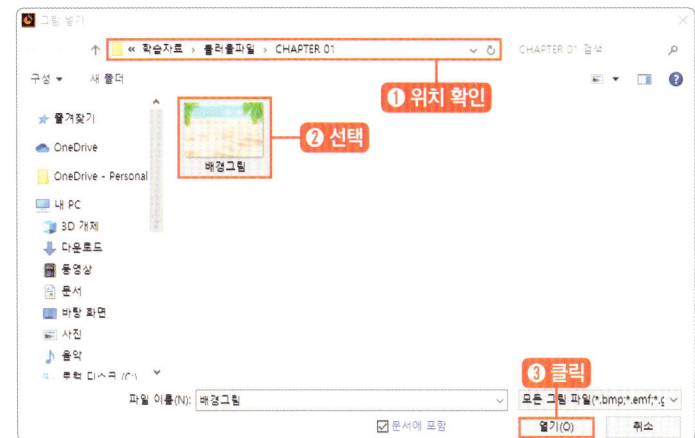

❼ 슬라이드 배경에 그림이 삽입된 것을 확인할 수 있습니다.

4 슬라이드 복제하기와 삭제하기

❶ 네 번째 슬라이드를 선택하고 마우스 오른쪽 단추를 눌러-[선택한 슬라이드 복제]를 클릭합니다.
　※ 단축키 :

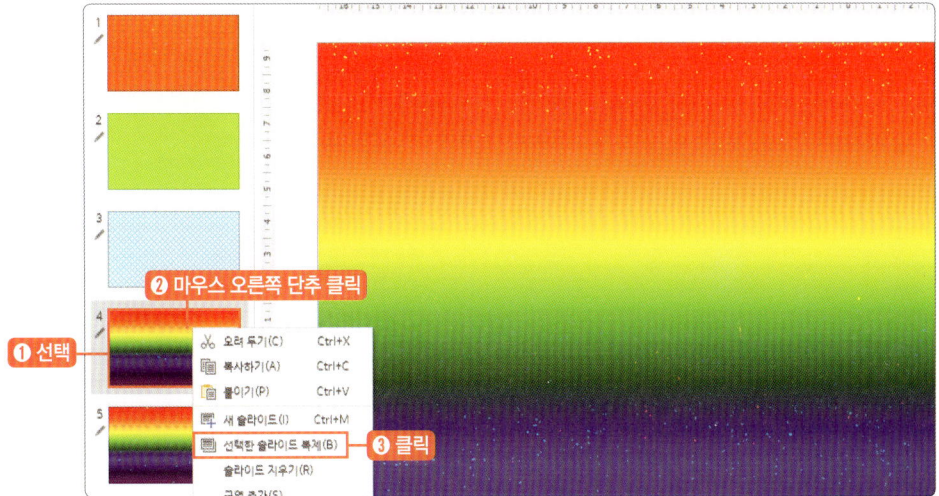

❷ 네 번째 슬라이드를 선택하고 마우스 오른쪽 단추를 눌러 [슬라이드 지우기]를 클릭합니다.

※ [슬라이드 보기]에서 삭제할 슬라이드 클릭한 후, 키보드의 삭제 키 Back space 키(백스페이스) 또는 Delete 키(딜리트)를 눌러 삭제할 수도 있습니다.

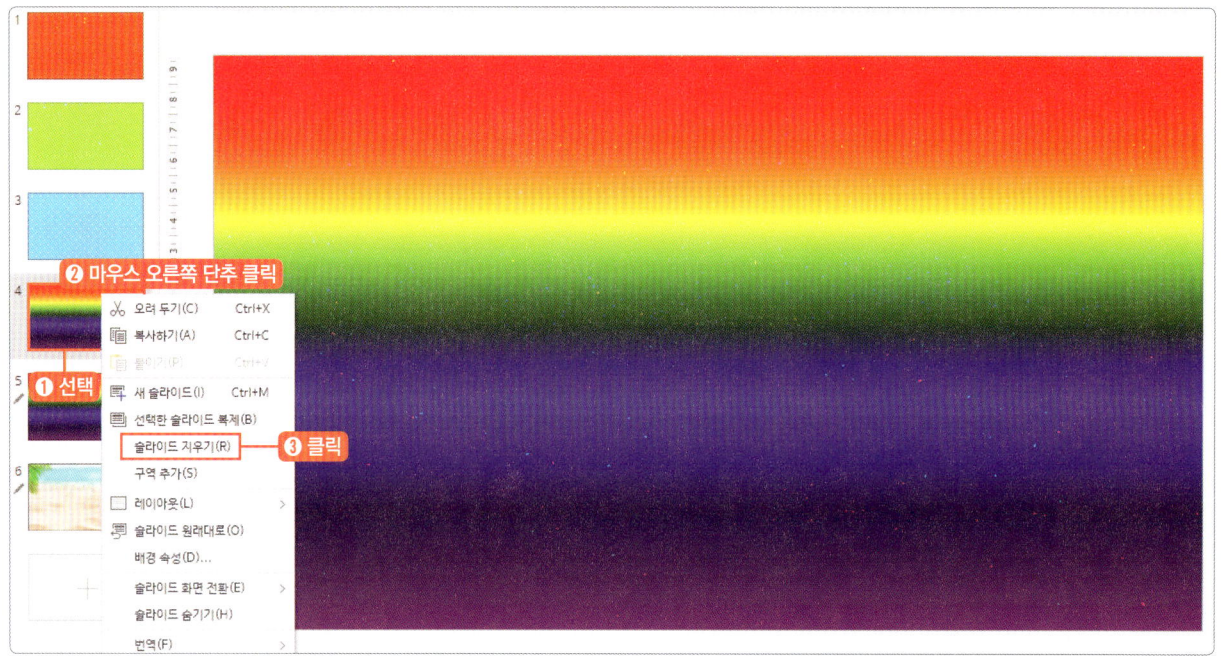

5 작업 파일 저장하기

❶ [파일]-[다른 이름으로 저장하기]를 클릭합니다.

❷ [다른 이름으로 저장하기] 대화상자가 나오면 본인의 폴더를 선택한 후, 파일 이름을 '한쇼'를 입력합니다. 이어서, <저장> 단추를 클릭합니다.

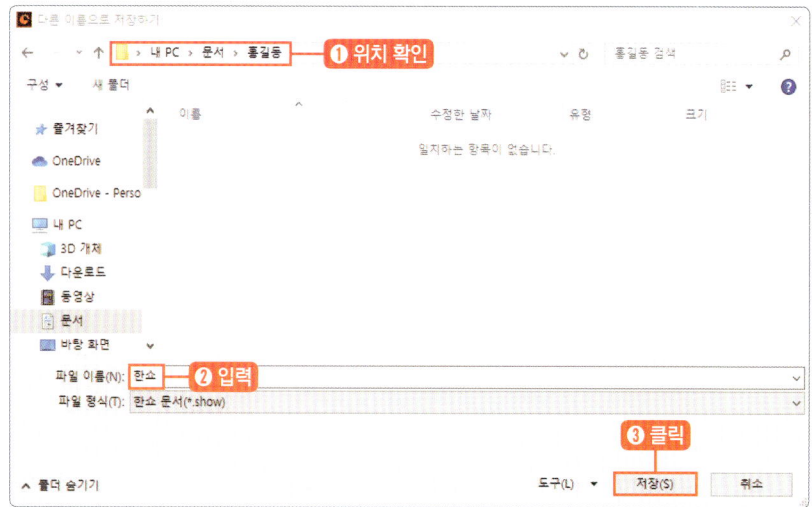

■ 불러올 파일 : 없음　■ 완성된 파일 : 01_연습하기(완성).show

1 슬라이드 크기를 A4로 변경하고, 빈 화면 레이아웃 슬라이드 3개를 추가합니다.

- 첫 번째 슬라이드 색상 : 빨강
- 두 번째 슬라이드 색상 : 밝은 연두색
- 세 번째 슬라이드 색상 : 보라로 색상을 채운 다음 [01_연습하기]로 저장합니다.

2 슬라이드를 추가하고 레이아웃을 빈 화면으로 변경한 다음 [빨강], [사선] 무늬를 채워봅니다.

CHAPTER 02 한쇼 빠른 스타일 지정하기

학습목표
- 한쇼의 빠른 스타일을 이용하여 디자인할 수 있습니다.
- 도형, 표, 차트, 그림, 텍스트에 빠른 스타일을 지정합니다.

📁 불러올 파일 : image.jpg   📁 완성된 파일 : 빠른 스타일_완성.show

완성작품 미리보기

도형에 빠른 스타일 적용하기, 표에 빠른 스타일 적용하기, 차트에 빠른 스타일 적용하기, 그림에 빠른 스타일 적용하기, 텍스트에 빠른 스타일 적용하기

오늘 배울 기능

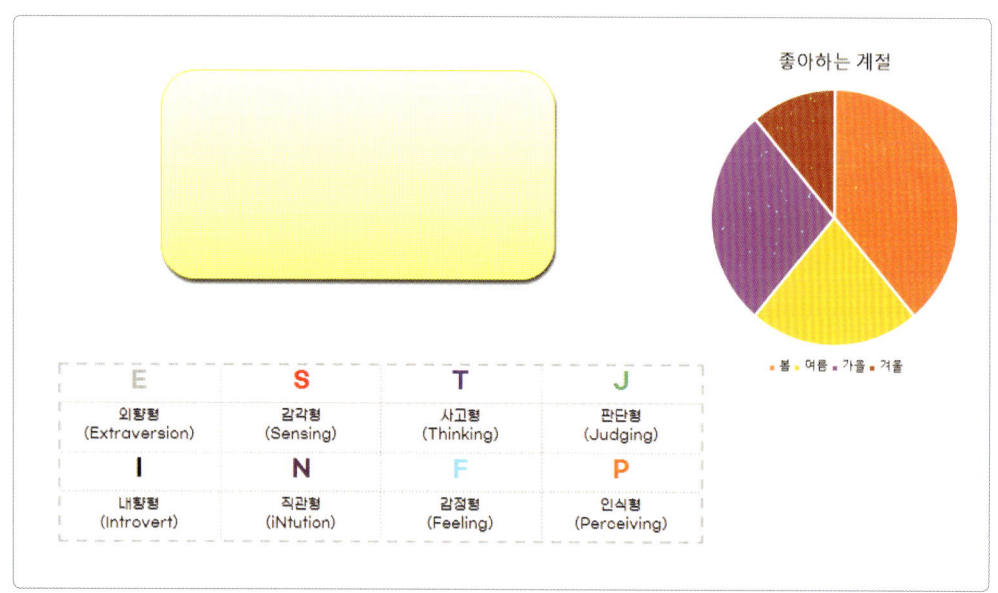

스토리 소개

표와 차트는 정보를 한눈에 볼 수 있는 특성을 가지고 있습니다. MBTI의 특성을 분류하여 표로 나타내 보고, 사계절 중 친구들이 좋아하는 계절을 조사해 보고 차트로 나타내 봅니다.

1 도형에 빠른 스타일 적용하기

❶ [한쇼 2022]를 실행한 다음 '새 문서'를 클릭한 후, [레이아웃]-'빈 화면'을 선택합니다. 이어서, [입력] 탭-[도형]-[자세히(⌄)] 단추를 클릭하고 [사각형]-'모서리가 둥근 직사각형'을 선택합니다.

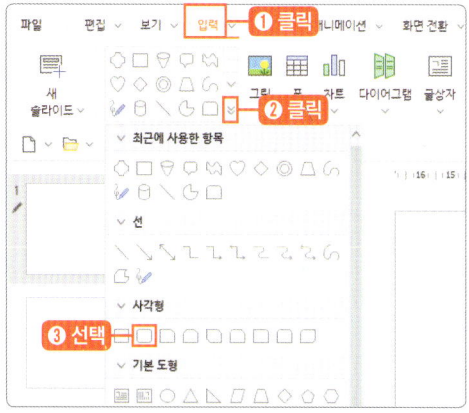

❷ 마우스 포인터가 [+] 모양으로 변경되면 드래그하여 도형을 삽입합니다.

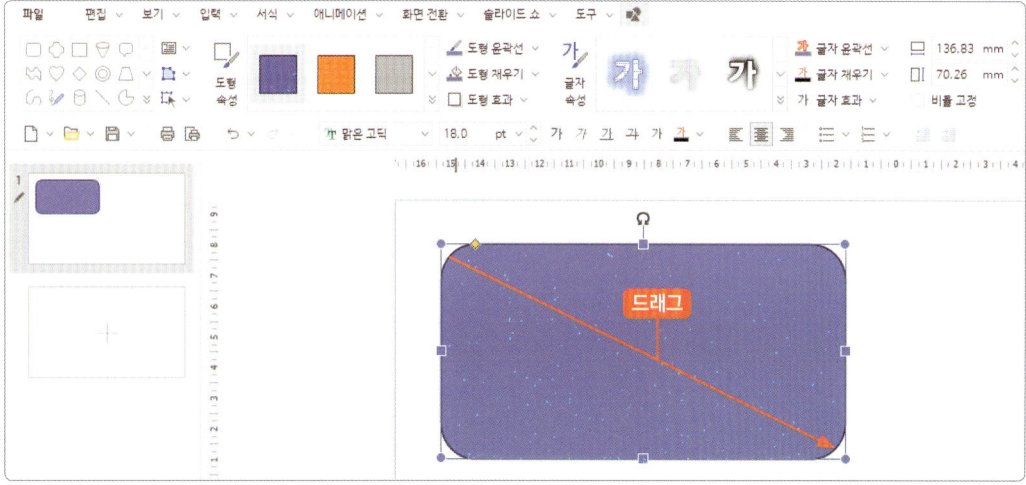

❸ 도형을 클릭한 다음 [도형] 탭-[도형 스타일]-[자세히(⌄)]를 클릭합니다.

❹ 다양한 도형 스타일에서 '밝은 계열-강조 4'를 선택합니다.

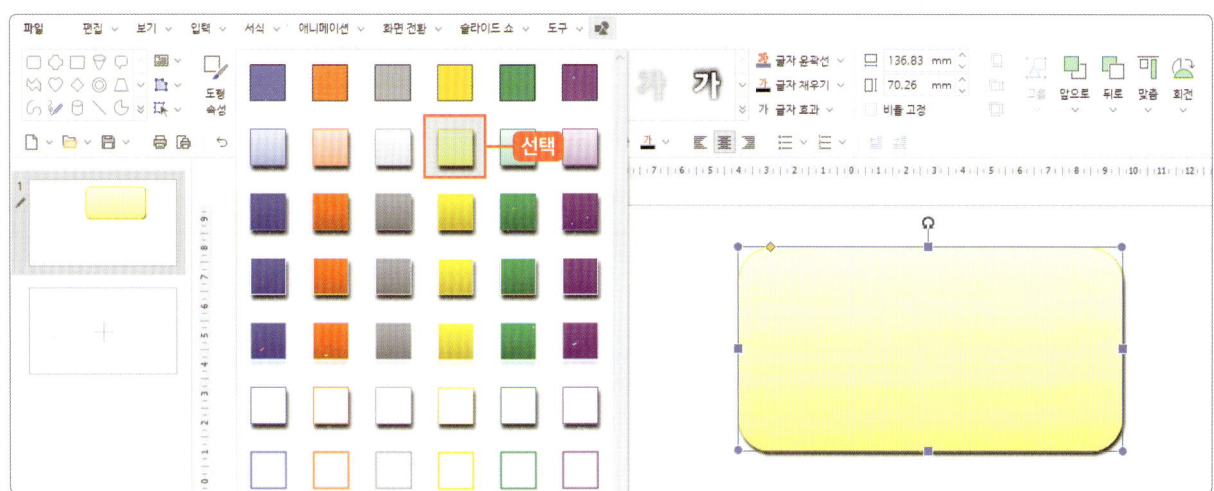

❺ [편집] 탭-[새 슬라이드]-'빈 화면'을 선택하여 슬라이드를 추가합니다.

2 표 삽입 후, 빠른 스타일 적용하기

❶ [입력] 탭-[표]-'4×4표(4줄 4칸)'을 드래그합니다.

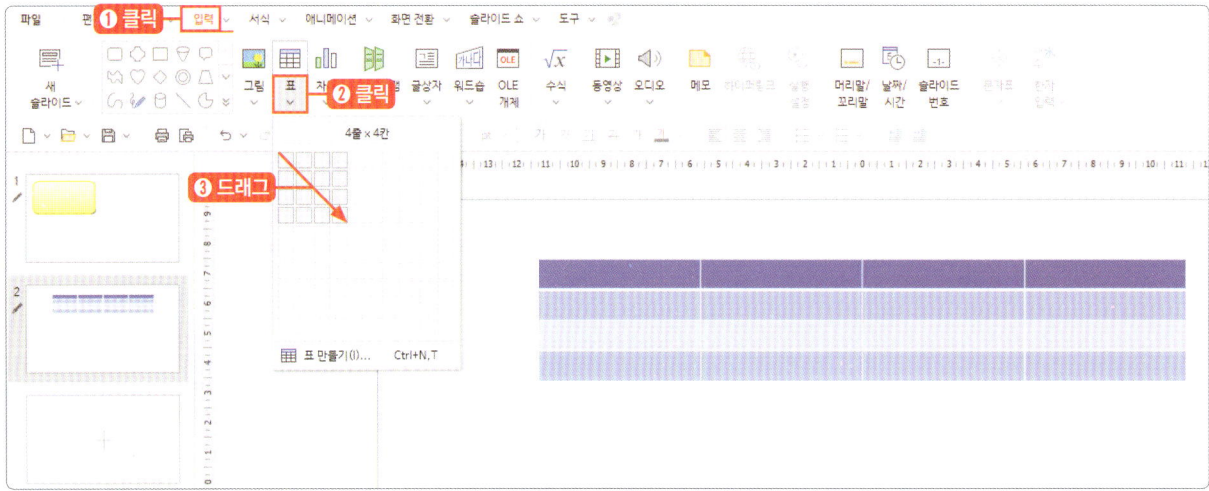

❷ 삽입된 표의 테두리를 클릭한 다음 드래그하여 위치를 변경합니다.

❸ 표의 크기 조절 핸들(　)을 드래그하여 크기를 조절합니다.

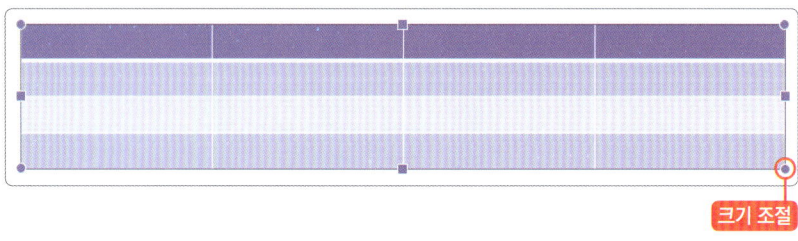

❹ [표 디자인] 탭-[표 스타일]-[자세히(⌄)]를 클릭합니다.

❺ [표 스타일]-[밝게]-'밝은 스타일 3 – 강조 3'을 선택합니다.

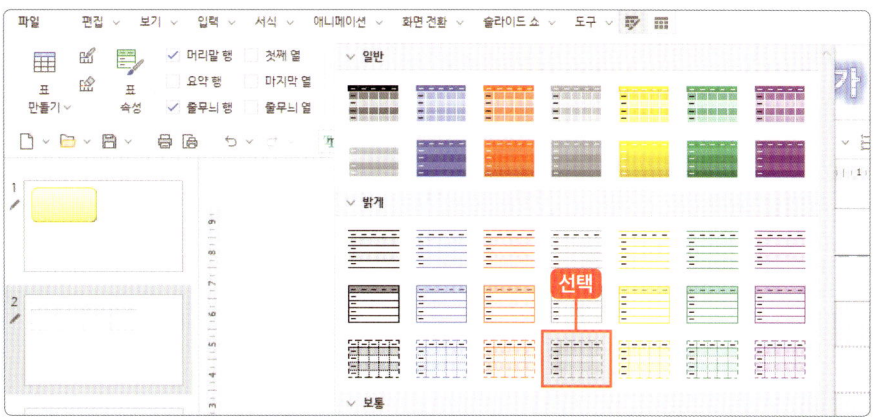

❻ 빠른 스타일이 적용된 표에 내용을 입력하여 표를 완성합니다.
   ※ 글자 서식은 자유롭게 지정합니다.

❼ [편집] 탭-[새 슬라이드]-'빈 화면'을 선택하여 슬라이드를 추가합니다.

3 차트 삽입 후, 빠른 스타일 적용하기

❶ [입력] 탭-'차트'를 클릭합니다.

❷ [차트]-[원형]-'2차원 원형'을 선택합니다.

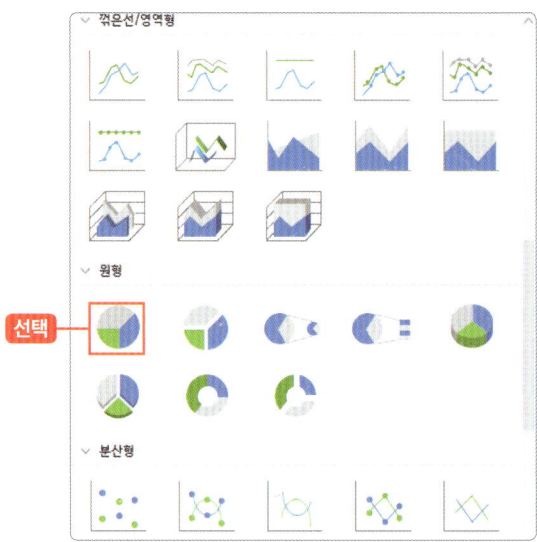

❸ [차트 데이터 편집] 창에서 데이터를 입력한 후, [닫기(×)]를 클릭하여 창을 닫습니다.

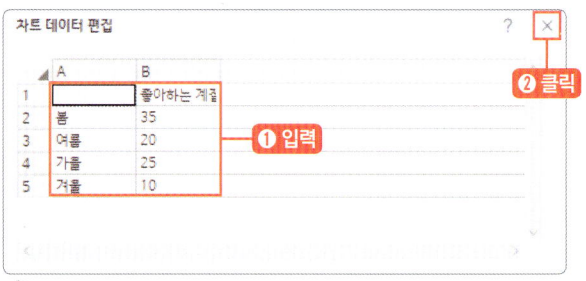

❹ 차트를 클릭한 상태에서 [차트 디자인] 탭-[차트 계열색 바꾸기]-[색상 조합]-'색3'을 선택하고 '스타일 3'을 클릭합니다.

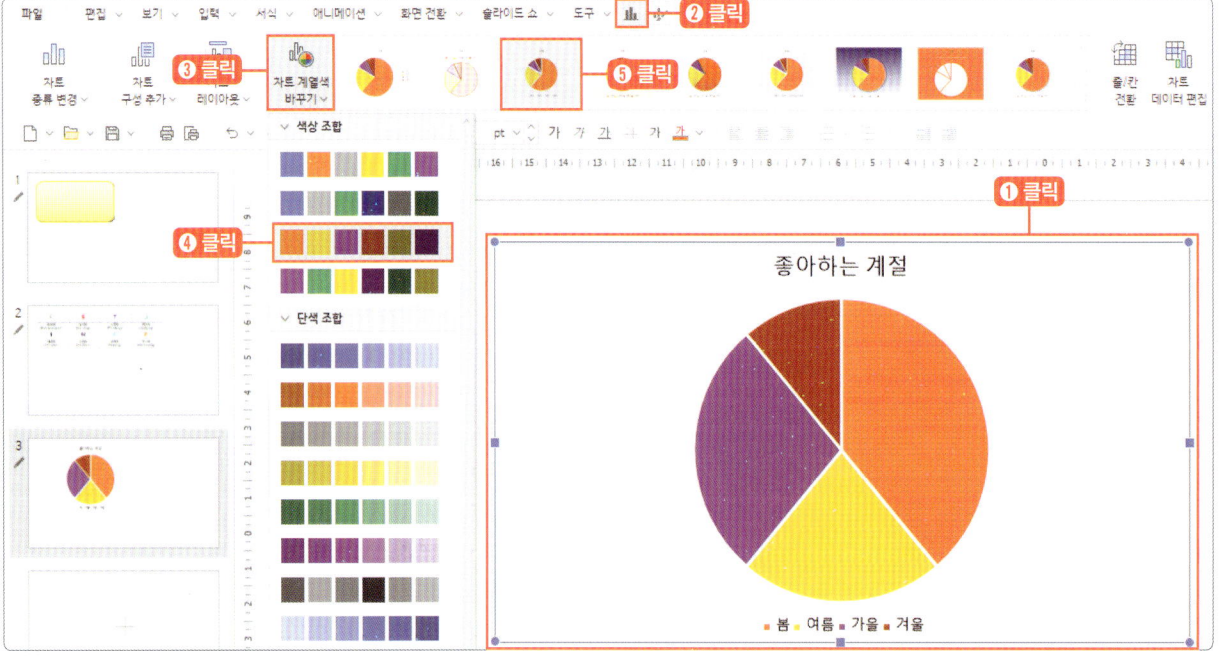

❺ [편집] 탭-[새 슬라이드]-'빈 화면'을 선택하여 슬라이드를 추가합니다.

4 그림에 빠른 스타일 적용하기

❶ [입력] 탭-[그림]-'그림'을 선택합니다.

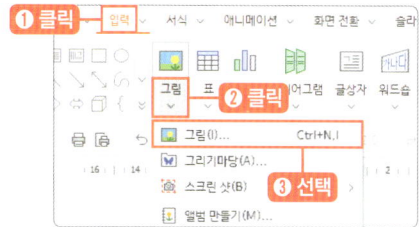

❷ [그림 넣기] 대화상자에서 [불러올 파일]-[CHAPTER 02]-'image.jpg' 파일을 선택 한 다음 <열기> 단추를 클릭합니다.

❸ 삽입한 그림을 선택한 상태에서 [그림] 탭-[그림 스타일]-[자세히(⌵)]를 클릭합니다.

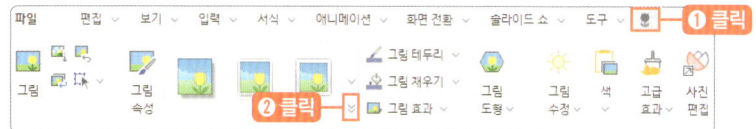

❹ 그림 스타일의 '광택'을 선택한 다음 크기를 조절합니다.

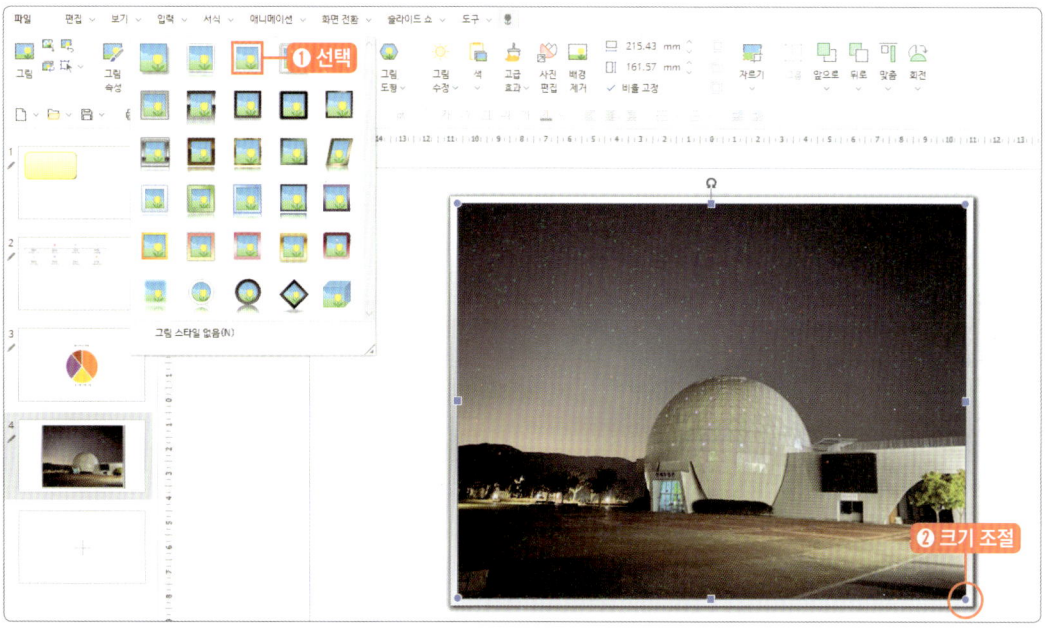

❺ [편집] 탭-[새 슬라이드]-'빈 화면'을 선택하여 슬라이드를 추가합니다.

5 텍스트 입력 후, 빠른 스타일 적용하기

❶ [입력] 탭-[글상자]-'가로 글상자'를 선택합니다.

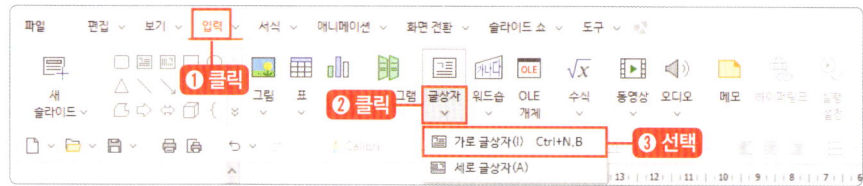

❷ 마우스 포인터가 (+) 모양으로 바뀌면 빈 슬라이드를 클릭한 후, '한쇼 2022'를 입력한 다음 글자 크기를 자유롭게 변경합니다.

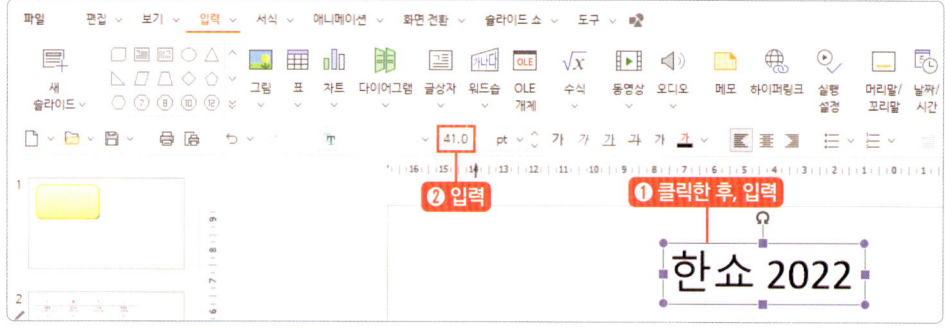

❸ [도형] 탭-[글자 스타일]-[자세히(∨)]를 클릭합니다.

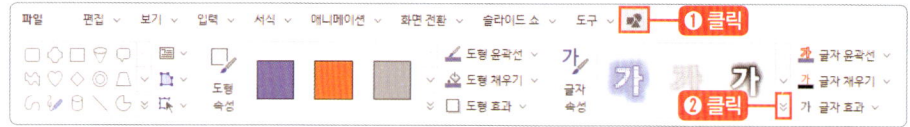

❹ [글자 스타일]-'채우기-강조 2(밝은 계열, 그러데이션), 윤곽-강조 2'를 선택합니다.

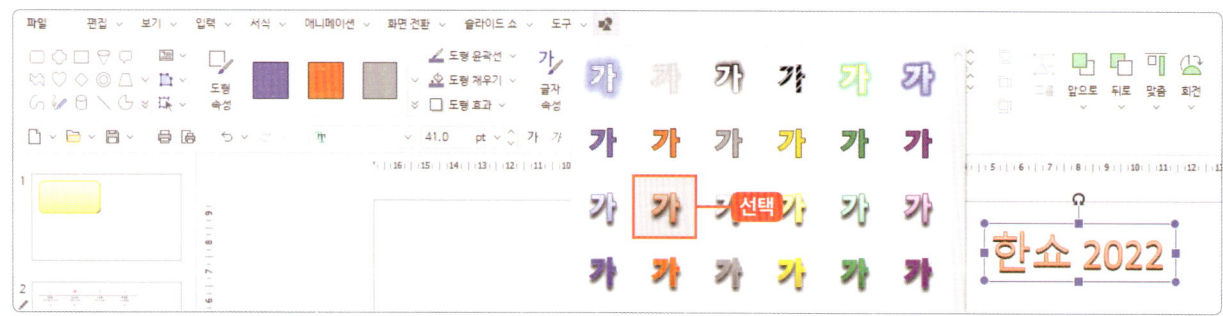

6 작업파일 저장하기

❶ [파일]-[다른 이름으로 저장하기]를 클릭합니다.

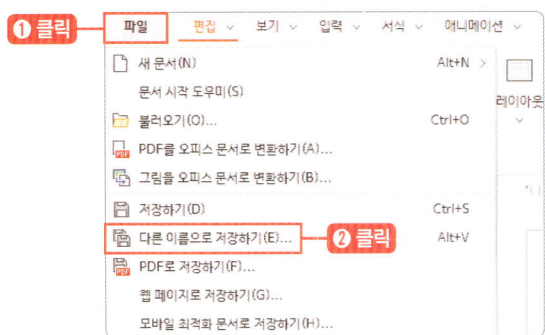

❷ [다른 이름으로 저장하기] 대화상자가 나오면 본인의 폴더를 선택한 후, 파일 이름을 '빠른 스타일'을 입력합니다. 이어서, <저장> 단추를 클릭합니다.

CHAPTER 02

📁 불러올 파일 : 02 연습그림.jpg   📁 완성된 파일 : 02_연습문제(완성).show

① 빠른 스타일을 이용하여 다음과 같은 도형을 디자인합니다.

② 이미지를 삽입하고 빠른 스타일을 적용해 디자인합니다.

③ 차트를 만들고 빠른 스타일을 적용해 봅니다.

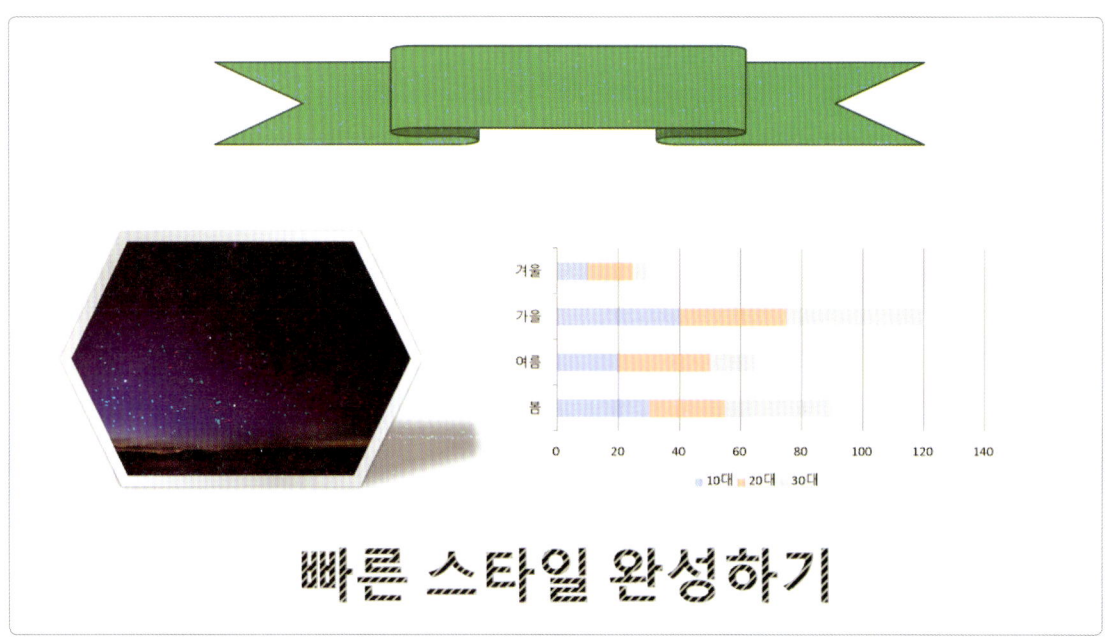

MEMO

CHAPTER 03 텍스트 서식과 정렬하기

학습목표
- 원하는 폰트를 검색하고 설치할 수 있습니다.
- 텍스트를 입력하고 글꼴, 글자 크기, 글자 색을 변경합니다.
- 글머리 기호를 설정할 수 있습니다.
- 줄 및 단락 간격을 조정할 수 있습니다.

■ 불러올 파일 : 글머리기호.show   ■ 완성된 파일 : 텍스트 서식(완성).show

완성작품 미리보기

{ 오늘 배울 기능 }

무료 폰트 다운로드 및 설치, 텍스트 입력, 텍스트 서식 지정, 위치 및 간격 맞추기, 스마트 가이드 활용하기

가독성을 높이기 위한 조건

- 폰　　트 : 폰트는 가독성에 가장 큰 영향을 미칩니다.
- 글자색상 : 글자 색상은 배경색과 대비되는 색상이 좋습니다.
- 줄　간　격 : 줄 간격은 1.5~2 가 적당합니다.
- 배　　경 : 배경은 깔끔하고 밝은 색상이 좋습니다.
- 여　　백 : 여백을 적절하게 주어 글자가 잘 보이도록 합니다.
- 레이아웃 : 레이아웃은 깔끔하고 간결해야 합니다.
- 이　미　지 : 이미지는 조화롭게 적절히 사용합니다.

스토리 소개

가독성은 인쇄물이나 디지털 텍스트를 얼마나 쉽게 읽을 수 있는지를 나타내는 것을 말합니다. 가독성은 글꼴, 글자 간격, 줄 간격, 띄어쓰기 등 다양한 요소에 의해 영향을 받습니다. 가독성을 높이기 위한 조건을 생각해 봅니다.

무료 폰트 다운로드 및 설치하기

▶ 눈누(https://noonnu.cc) : 상업적으로 이용할 수 있는 무료 한글 폰트를 모아놓은 사이트

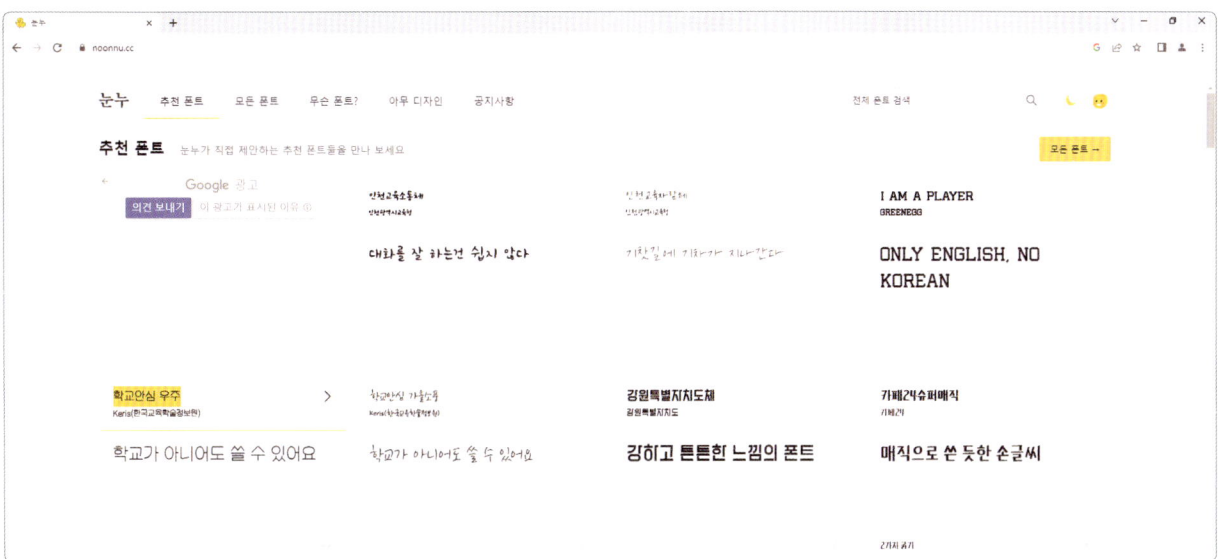

❶ 오른쪽 상단의 [전체 폰트 검색( )] 에서 'G'를 입력한 다음 검색된 'Gmarket Sans' 폰트를 클릭합니다.

❷ [다운로드 페이지로 이동]을 클릭합니다.

❸ 다운로드 페이지에서 [글꼴( )]을 선택한 다음 [다운로드 ( )]를 클릭합니다. 이어서, [TTF]를 클릭하면 폰트가 다운로드 됩니다.

※ 저장 폴더를 별도로 지정하지 않았다면, 다운로드 파일은 [내 PC]-[다운로드] 폴더에 저장됩니다.

[TTF 와 OTF 의 차이점]
- TTF(True Type Font) : 트루 타입 폰트는 일반 사용자용으로, 마이크로소프트 프로그램, 한글 등 기타 문서 프로그램에 적합한 폰트입니다.
- OTF(Open Type Font) : 오픈 타입 폰트는 주로 그래픽 작업과 고해상도 출력이 필요할 때 적합한 폰트입니다.

❹ [다운로드] 폴더에 저장된 파일(GmarketSansTTF)을 클릭한 다음 마우스 오른쪽 단추를 눌러 [압축풀기]를 클릭해서 압축을 풉니다. (두 개 이상의 파일인 경우 압축파일로 저장됩니다)

❺ 파일을 모두 선택한 다음 마우스 오른쪽 단추를 눌러 [설치]를 클릭하면 폰트가 설치됩니다.
※ 폰트 설치 완료 후, 한쇼를 실행해야 폰트를 적용할 수 있습니다.

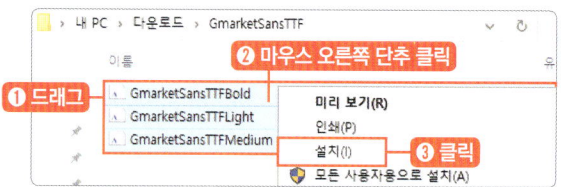

2 텍스트 입력과 글꼴, 글자 크기, 글자 색 변경하기

❶ [한쇼 2022]를 실행한 다음 '새 문서'를 클릭한 후, [레이아웃]-'빈 화면'을 클릭합니다. 이어서, [입력] 탭-[글상자]-[가로 글상자]를 클릭한 다음 슬라이드에 '한쇼 디자인하기'를 입력합니다.

❷ '한쇼 디자인하기'를 드래그하여 선택합니다.

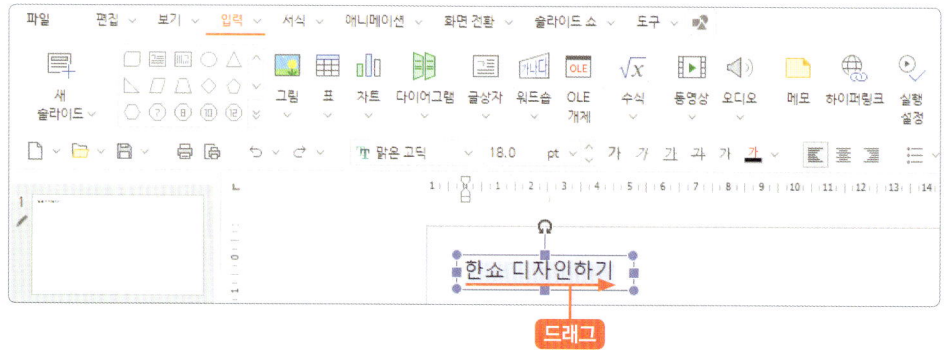

❸ [서식 도구]-[글꼴]에서-'G마켓 산스 TTF Bold'를 클릭하여 글꼴을 변경합니다.

❹ [서식 도구]-[글자 크기]를 클릭하여 글자 크기를 '66'으로 변경합니다.

❺ [서식 도구]-[글자 색()]을 클릭하고 '시안'을 클릭하여 글자 색을 변경합니다.

> TIP
>
> [특수문자 입력하기]
> - [입력] 탭-[문자표]-'문자표'를 클릭한 다음 [사용자 문자표]-'※ 기호 1'을 선택합니다.
> - [문자표] 대화상자에서 원하는 문자표를 선택한 다음 <넣기> 단추를 클릭하면 특수 문자표가 입력됩니다.
>
>

3 글머리 기호 삽입과 줄 및 단락 간격 조정하기

① [파일]-[불러오기]-[불러올 파일]-[CHAPTER 03]-'글머리기호.show'를 선택한 후, <열기> 단추를 클릭합니다. 이어서, 글상자를 클릭합니다.

② [서식] 탭-[글머리표 매기기]에서 다음과 같이 글머리표를 적용합니다.

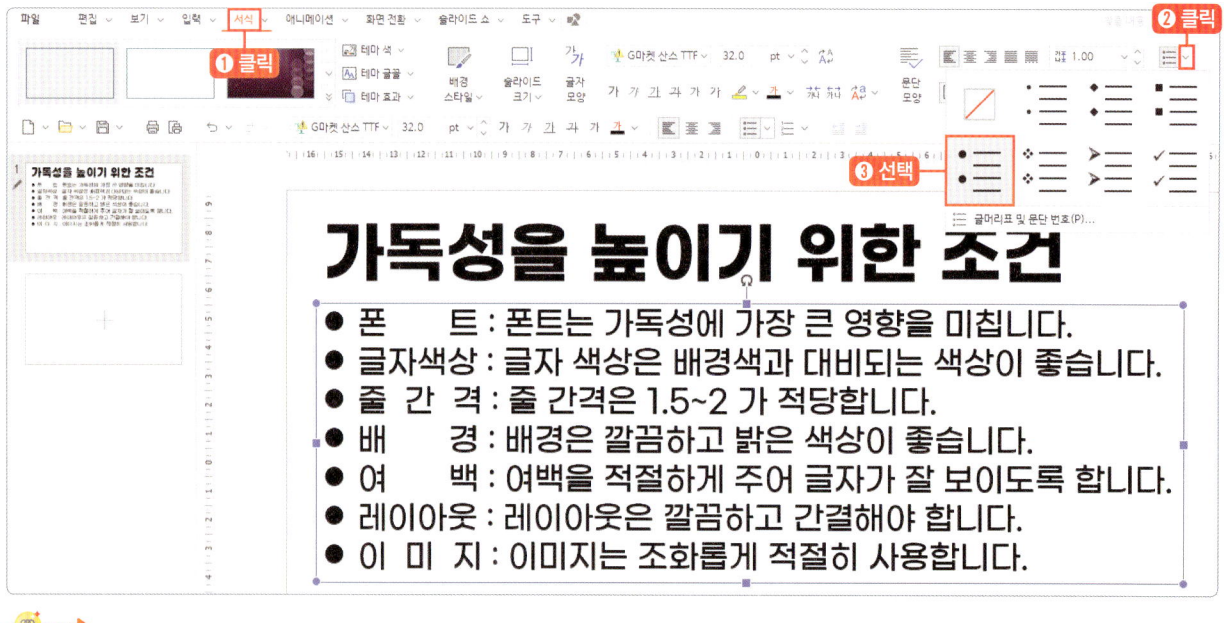

TIP
[서식] 탭-[문단 번호 매기기]를 클릭하면 글머리표를 번호로 변경할 수 있습니다.

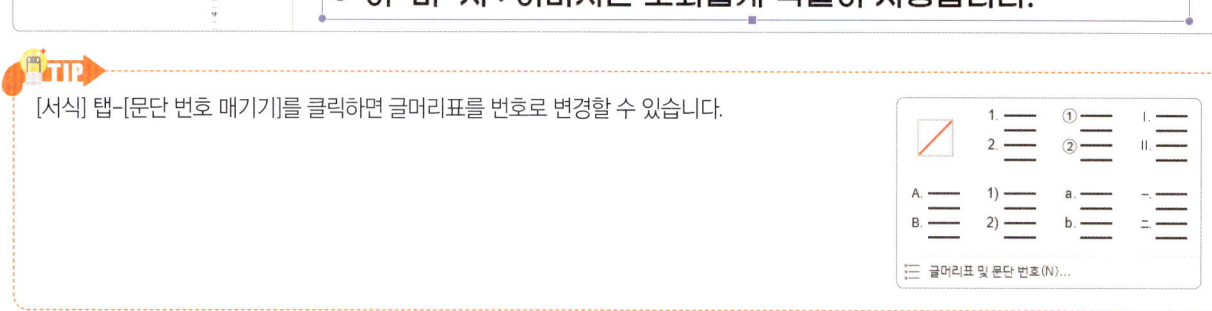

❸ 텍스트 기본 줄 간격이 좁아 답답해 보일 수 있으므로 가독성을 위해 줄 간격을 조절합니다. [서식] 탭-[줄 간격]-'1.5'를 선택합니다.

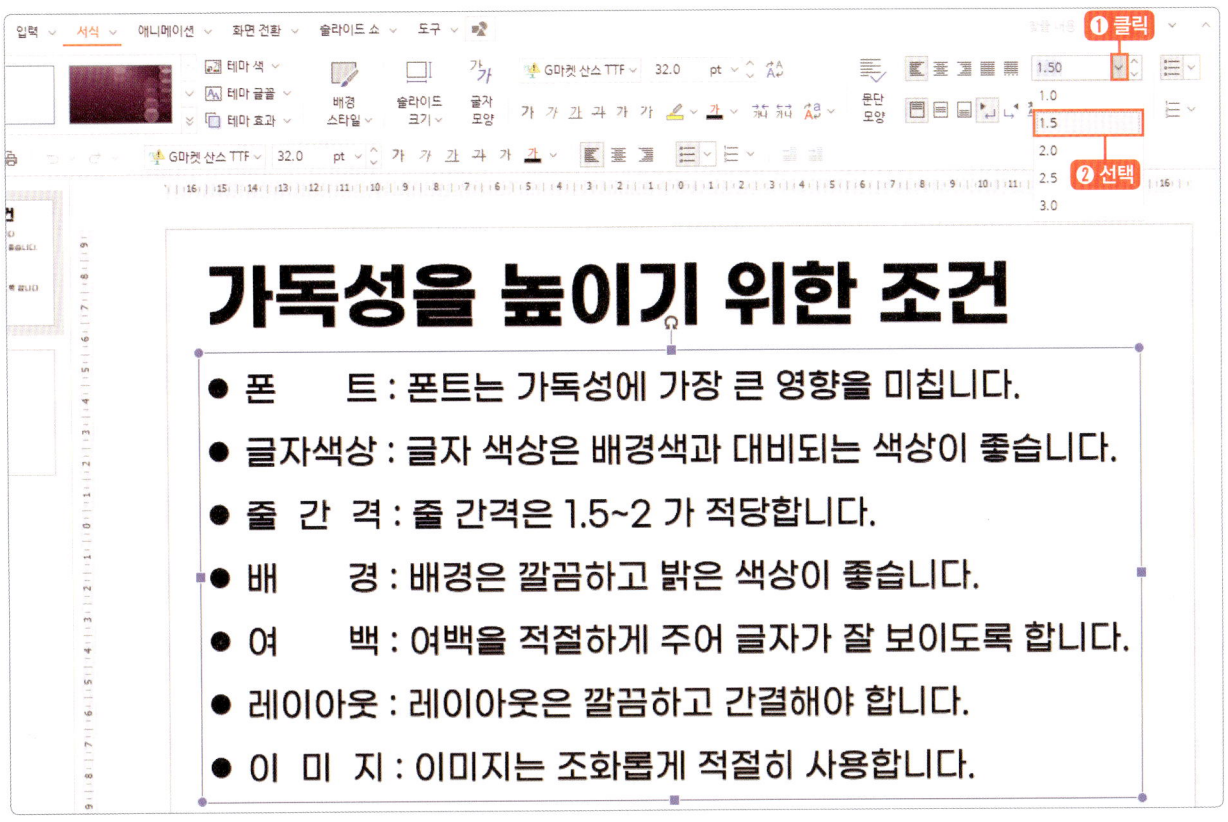

> **TIP**
> 세밀한 줄 간격 조정을 위해 [서식] 탭-[문단 모양]-'간격'에서 [줄 간격]-[고정]으로 설정하고 포인트 수치로 세밀하게 조정할 수 있습니다.

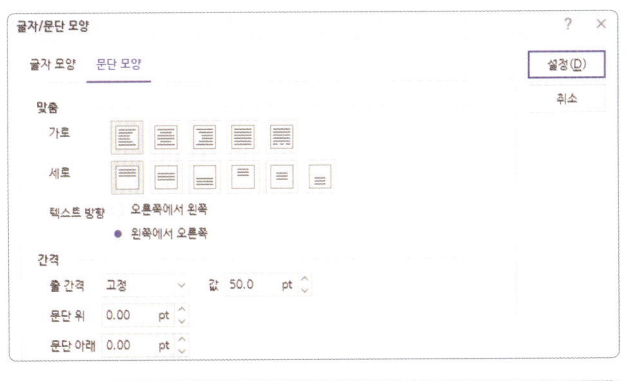

4 작업 파일 저장하기

❶ [파일]-[다른 이름으로 저장하기]를 클릭합니다.

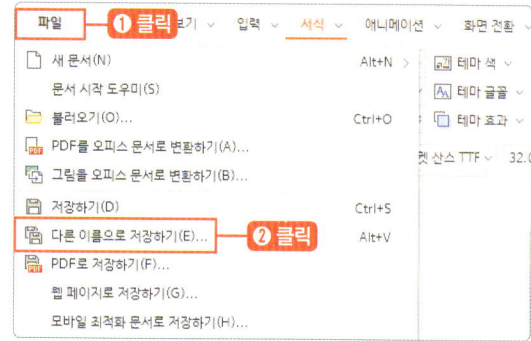

❷ [다른 이름으로 저장하기] 대화상자가 나오면 본인의 폴더를 선택한 후, 파일 이름을 '텍스트 서식'을 입력합니다. 이어서, <저장> 단추를 클릭합니다.

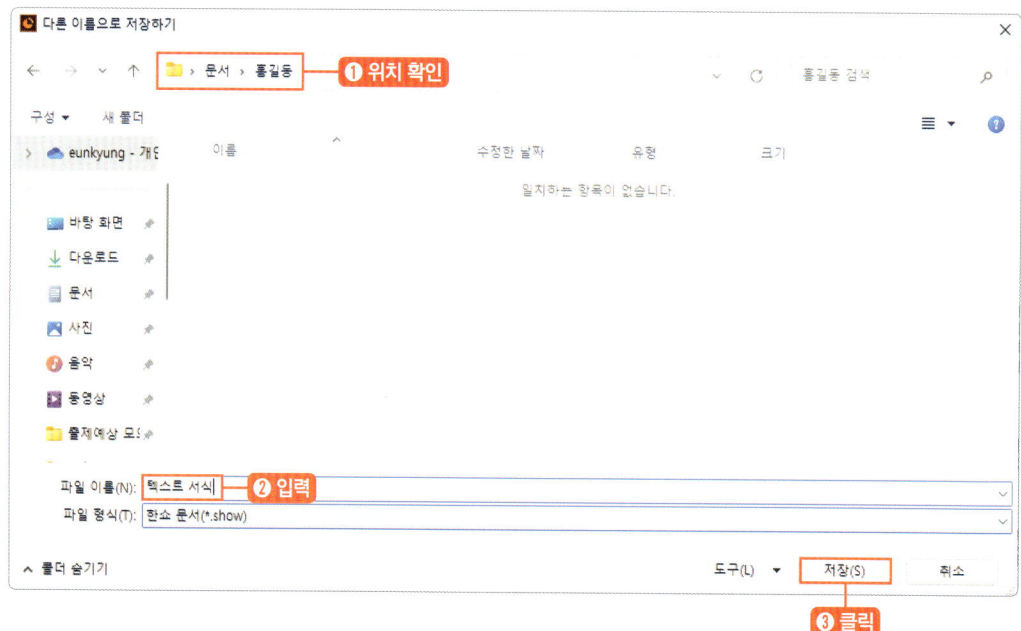

CHAPTER 03

■ 불러올 파일 : 없음   ■ 완성된 파일 : 03_연습하기(완성).show

1 을지로체 폰트를 다운로드하고 설치합니다.

2 ○○ 초등학교 ○○○(학생이름)을 입력하고 을지로체로 글꼴을 변경합니다.

3 다음과 같이 내용을 입력하고 글꼴, 글머리 기호, 줄 간격을 설정합니다.

> # 별 헤는 밤 / 윤동주
>
> I. 별 하나에 추억과
> II. 별 하나에 사랑과
> III. 별 하나에 쓸쓸함과
> IV. 별 하나에 동경과
> V. 별 하나에 시와
> VI. 별 하나에 어머니, 어머니

<G마켓 산스 Bold / 66pt / 보라 / 검정>
　별 헤는 밤 / 윤동주

<G마켓 산스 Medium / 32pt / 검정>, <글머리 기호 ⅠⅡⅢ>, <줄 간격 1.5>
　별 하나에 추억과
　별 하나에 사랑과
　별 하나에 쓸쓸함과
　별 하나에 동경과
　별 하나에 시와
　별 하나에 어머니, 어머니

CHAPTER 04 그림 삽입과 편집하기

학습목표
- 온라인에서 그림을 검색하고 저장할 수 있습니다.
- PC에 저장된 그림을 삽입하거나 클립아트를 삽입할 수 있습니다.
- 원하는 그림을 캡처해서 삽입할 수 있습니다.
- 그림의 부분을 제거하거나 배경을 제거할 수 있습니다.

■ 불러올 파일 : 그림 삽입.show   ■ 완성된 파일 : 그림 삽입(완성).show

완성작품 미리보기 {오늘 배울 기능}

온라인 그림을 PC에 저장하기, 그림 삽입하기, 캡처하기, 배경 제거하기, 그림 자르기

우주비행사

스토리 소개

픽사베이는 고품질의 사진, 일러스트레이션, 벡터 그래픽 및 동영상의 필름 영상을 공유하는 국제 웹사이트입니다. 픽사베이의 이미지를 이용해서 이미지를 삽입하고 이미지를 꾸며봅니다.

픽사베이(https://pixabay.com)에서 저작권 무료 이미지 다운로드하기

▶ 픽사베이는 고품질의 사진, 일러스트레이션, 벡터 그래픽 및 동영상의 필름 영상을 공유하는 국제 웹사이트입니다.

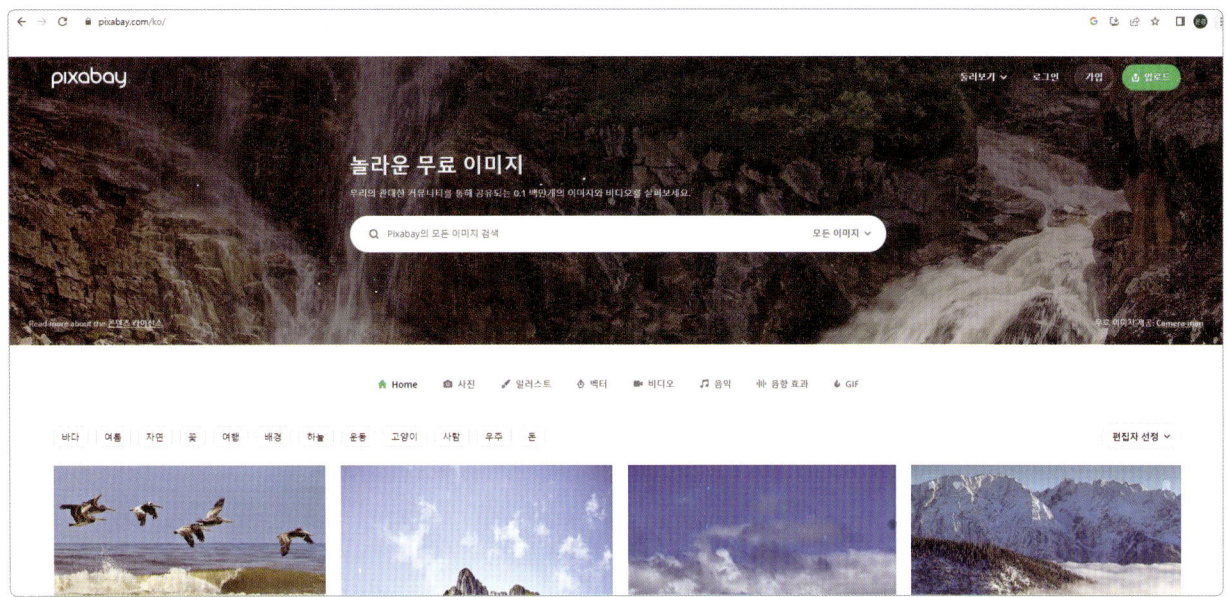

❶ 이미지를 검색한 다음 마우스 오른쪽 단추를 눌러 [이미지를 다른 이름으로 저장]을 클릭한 다음 파일명을 '우주 비행사'로 저장합니다.

2 PC에 저장된 그림 삽입하기

❶ [불러올 파일]-[CHAPTER 04]-'그림 삽입.show' 파일을 불러옵니다.

❷ [입력] 탭-[그림]을 클릭한 다음 픽사베이에서 저장한 그림 파일을 불러옵니다.
   ※ 교재 이미지와 같은 그림이 필요하다면 [불러올 파일]-[CHAPTER 04]-'우주 비행사.webp' 파일을 불러옵니다.

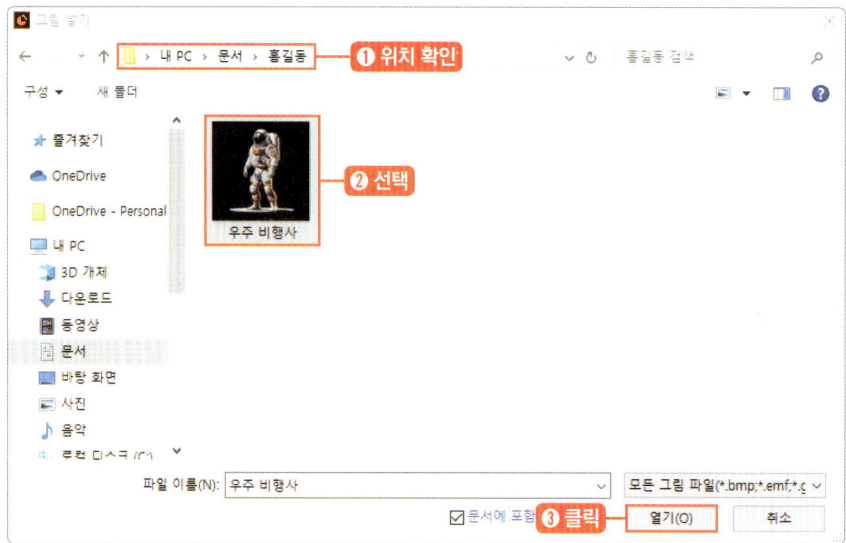

❸ '우주 비행사' 그림을 왼쪽으로 배치하고 그림 위에서 마우스 오른쪽 단추를 눌러 [순서]-'맨 뒤로'를 클릭하여 그림을 뒤로 배치합니다.

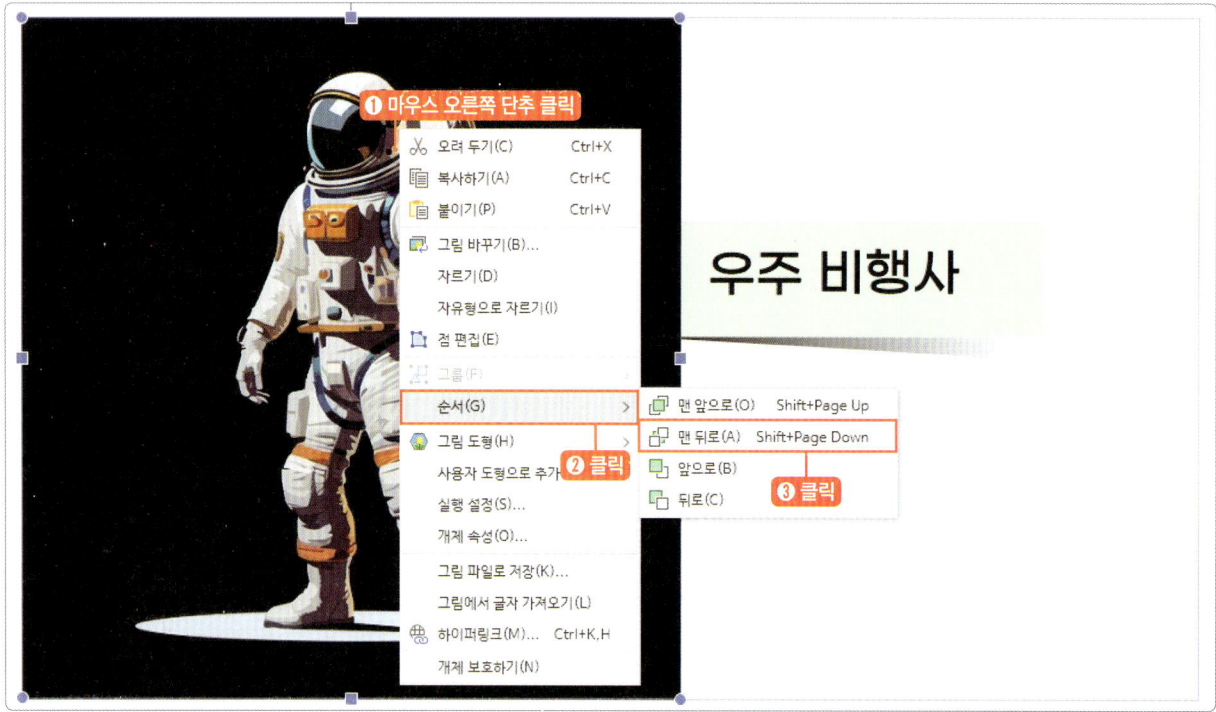

3 클립아트 삽입하기

① [새 슬라이드]-[빈 화면]을 삽입한 다음 [입력] 탭-[그림]-[그리기마당]-[클립아트 다운로드] 단추를 클릭합니다. 이어서, '라디오'를 입력하고 <내려받기( )> 단추를 클릭합니다.

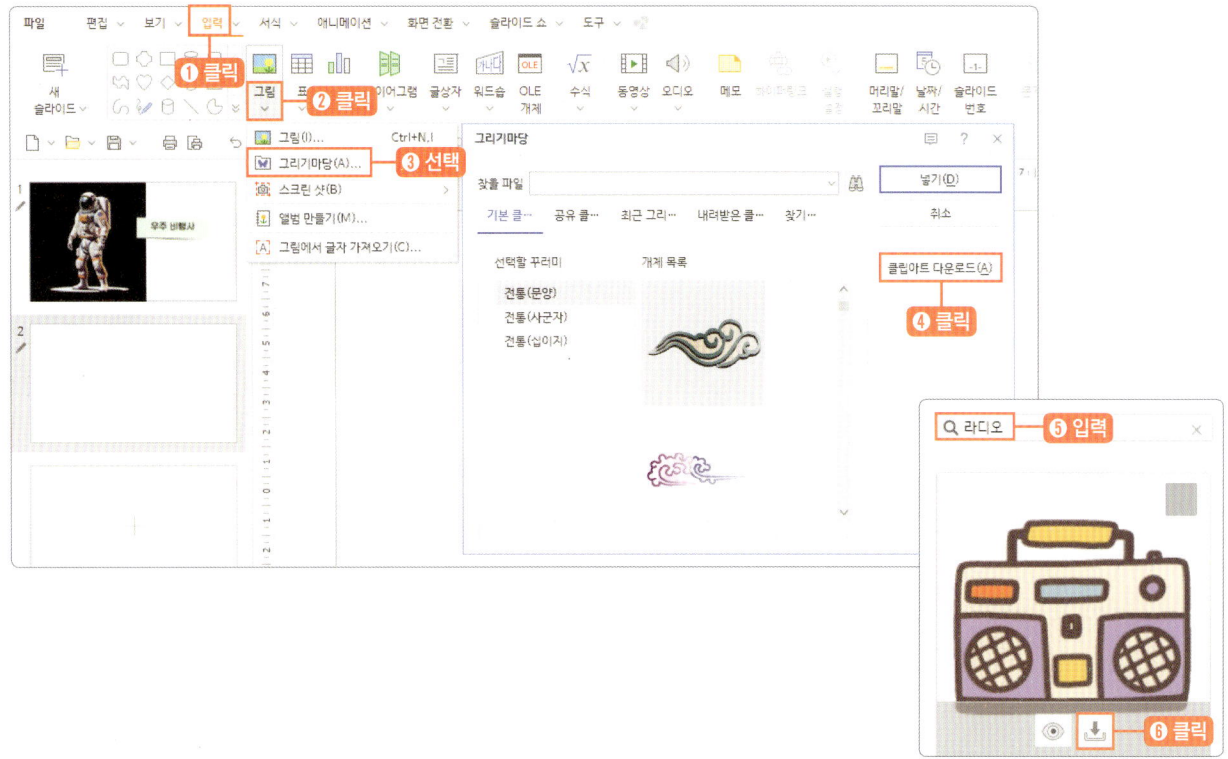

② ( ) 단추를 클릭하고 [내려받은 클립아트]에서 '라디오'를 선택한 후, <넣기> 단추를 클릭합니다. 이어서, 마우스를 드래그하여 그림을 삽입합니다.

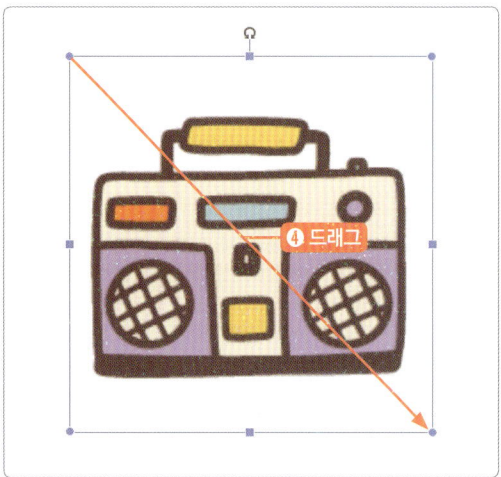

4 이미지 캡처하기

❶ [새 슬라이드]-[빈 화면]을 삽입한 다음 픽사베이 사이트에서 '장미'를 검색합니다.

❷ 저장할 이미지를 클릭한 다음 실행중인 한쇼 화면으로 돌아갑니다.

❸ [입력] 탭-[그림]-[스크린 샷]-[화면 캡처]를 클릭한 다음 마우스를 드래그하여 캡처할 영역을 선택하면 슬라이드에 이미지가 삽입된 것을 확인할 수 있습니다.

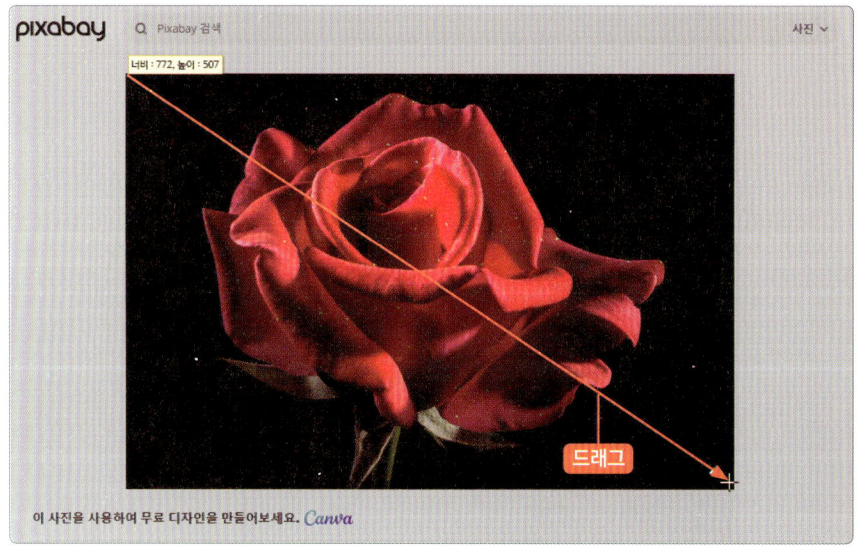

5 이미지 배경 제거하기

❶ [그림] 탭-[배경 제거]를 클릭합니다.

❷ [유지할 영역 표시] 또는 [제거할 영역 표시]를 선택하고 남기고 싶은 부분을 드래그하여 세밀하게 조정합니다. 제거할 부분과 남길 부분이 정해지면 [변경 내용 유지]를 클릭하여 배경을 삭제합니다.

6 그림 자르기

❶ [새 슬라이드]-[빈 화면]을 삽입한 다음 [불러올 파일]-[CHAPTER 04]-'강아지.jpg' 파일을 불러옵니다.

❷ 강아지 이미지를 선택한 다음 [그림] 탭-[자르기]를 클릭합니다. 테두리의 자르기 핸들을 드래그하여 원하는 부분만 남도록 조정한 다음 [자르기] 단추를 클릭하면 원하는 영역만 남고 배경이 잘린 그림을 확인할 수 있습니다.

❸ [자르기] 기능으로 그림을 잘랐을 때 완전히 삭제되는 것이 아니므로 그림을 압축해서 그림의 용량을 줄일 수 있습니다. [그림] 탭-[그림 압축]을 클릭합니다. 이어서, [그림 압축] 대화상자에서 [저장 설정]-[잘려진 그림 영역 삭제], [화면에 보이는 크기로 재저장]을 체크한 다음 <설정> 단추를 클릭합니다.

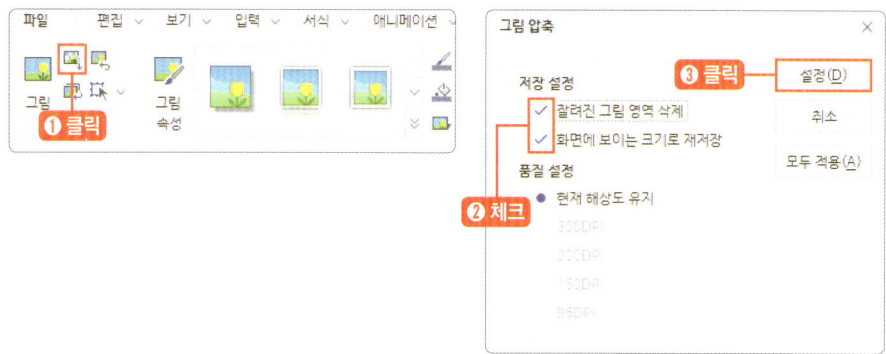

❹ [파일]-[다른 이름으로 저장하기]를 선택하여 본인의 폴더를 선택한 후, 파일 이름을 '그림 삽입'을 입력합니다. 이어서, <저장> 단추를 클릭합니다.

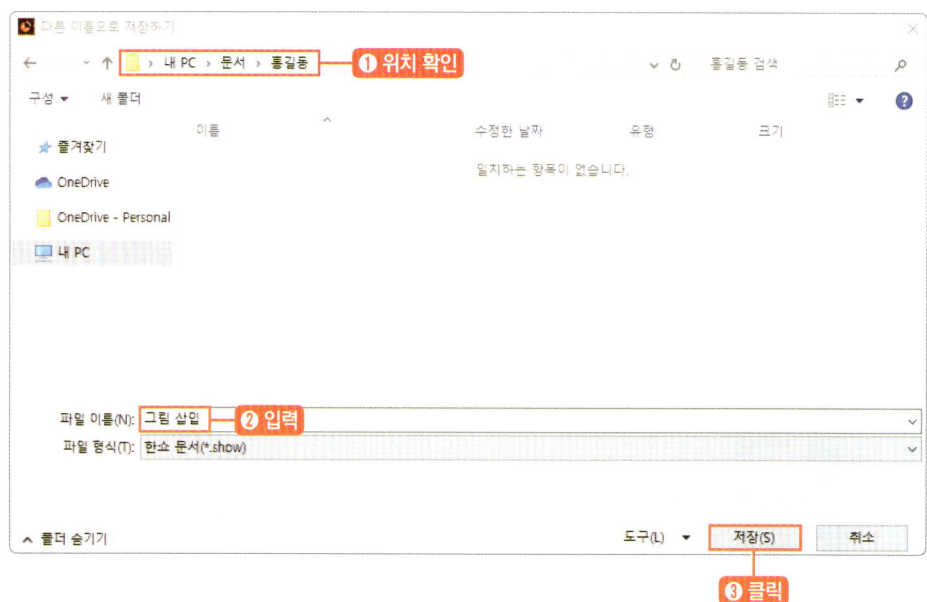

연습문제

CHAPTER 04

■ 불러올 파일 : 없음　　■ 완성된 파일 : 04_연습하기(완성).show

1 [불러올 파일]-[CHAPTER 04]-'생일케이크.jpg' 그림을 삽입하고 배경을 제거합니다.

2 그림 압축을 이용하여 그림의 용량을 줄입니다.

3 배경을 제거한 케이크 이미지를 활용하여 슬라이드를 꾸며봅니다.

CHAPTER 05
이미지의 일부분만 강조해서 포인트 주기

- 그림의 일부분만 색상을 변경할 수 있습니다.
- 그림을 삽입할 수 있습니다.
- 원하는 모양으로 이미지를 자를 수 있습니다.
- 서식이 지정된 그림에서 서식은 유지하고 그림만 바꿀 수 있습니다.

■ 불러올 파일 : 색강조.show, 그림 바꾸기.show
■ 완성된 파일 : 색강조(완성).show, 도형으로 자르기(완성).show, 그림 바꾸기(완성).show

오늘 배울 기능

완성작품 미리보기 그림 삽입, 원하는 부분 자르기, 색상 강조, 그림 서식, 그림 변경

스토리 소개

컬러 사진을 흑백으로 변경하고 특정 부분의 색상을 강조하여 새로운 디자인으로 표현할 수 있습니다. 이미지의 일부분의 색상을 변경하고 이미지를 프레임에 맞춰 자르고, 이미지의 포인트를 강조해 봅니다.

특정 부분 강조해서 포인트 주기

❶ 그림의 특정 부분을 강조하기 위해 '색강조.show' 파일을 불러옵니다.
※ [불러올 파일]-[CHAPTER 05]-'색강조.show'

❷ 그림을 선택한 다음 Ctrl + D 키로 그림을 복사하고 원본과 겹쳐줍니다.

❸ [그림] 탭-[배경 제거]에서 [유지할 영역 표시] 또는 [제거할 영역 표시]를 드래그하여 애드벌룬을 제외한 나머지 배경을 '보라색'으로 맞춰줍니다. (보라색 : 삭제되는 영역)

❹ 애드벌룬만 강조되었다면 [변경 내용 유지]를 클릭합니다.

❺ 배경이 제거된 애드벌룬 그림을 클릭한 다음 [그림] 탭-[자르기]를 클릭합니다. 검은색 자르기 핸들을 드래그하여 원하는 부분만 남기고 잘라냅니다.

❻ 자연스러운 경계를 위해 애드벌룬을 클릭하고 [그림] 탭-[그림 효과]-[옅은 테두리]-'3pt'를 클릭합니다.

❼ 원본 그림을 클릭하고 [색]-[색 채도]-'0%'를 선택합니다.

❽ 배경은 무채색, 그림의 특정 부분(애드벌룬)만 자연스럽게 색상이 강조되었습니다.

❾ [파일]-[다른 이름으로 저장하기]를 클릭하여 본인의 폴더를 선택한 후, 파일 이름을 '색강조'를 입력합니다. 이어서, <저장> 단추를 클릭합니다.

2 원하는 모양으로 그림 잘라서 디자인하기

① [한쇼 2022]를 실행한 다음 '새 문서'를 클릭한 후, [레이아웃]-'빈 화면'을 클릭합니다. 이어서, [입력] 탭-[그림]-[불러올 파일]-[CHAPTER 05]-'열기구.jpg' 파일을 불러옵니다.

② [그림] 탭-[그림 도형]-[사각형]-'모서리가 둥근직사각형'을 선택합니다.

③ 원하는 부분을 자르기 위해 [그림] 탭-[자르기]를 클릭합니다. 검은색 자르기 핸들을 드래그하여 원하는 부분만 남기고 잘라냅니다.
※ '모서리가 둥근 직사각형' 모양으로 잘라낼 수 있습니다.

④ 같은 방법으로 하트, 타원, 정오각형 모양 등 다양한 형태로 그림을 잘라봅니다.

⑤ [파일]-[다른 이름으로 저장하기]를 선택하여 본인의 폴더를 선택한 후, 파일 이름을 '도형으로 자르기'를 입력합니다. 이어서, <저장> 단추를 클릭합니다.

3 그림에 지정된 서식은 유지하고 그림만 바꾸기

① [불러올 파일]-[CHAPTER 05]-'그림바꾸기.show' 파일을 불러옵니다.

② 가운데 그림을 클릭합니다.

③ [그림] 탭-[그림 바꾸기]를 클릭합니다.

④ [그림 바꾸기] 대화상자에서 [불러올 파일]-[CHAPTER 05]-'열기구1.jpg'를 클릭합니다. 그림에 지정된 서식은 그대로 유지되면서 그림 파일만 바뀌는 것을 확인할 수 있습니다.

⑤ [파일]-[다른 이름으로 저장하기]를 선택하여 본인의 폴더를 선택한 후, 파일 이름을 '그림 바꾸기'를 입력합니다. 이어서, <저장> 단추를 클릭합니다.

■ 불러올 파일 : 05_연습하기.show   ■ 완성된 파일 : 05_연습하기(완성).show

1 배경은 회색빛으로, 특정 부분만 색상을 강조해서 만들어 봅니다.

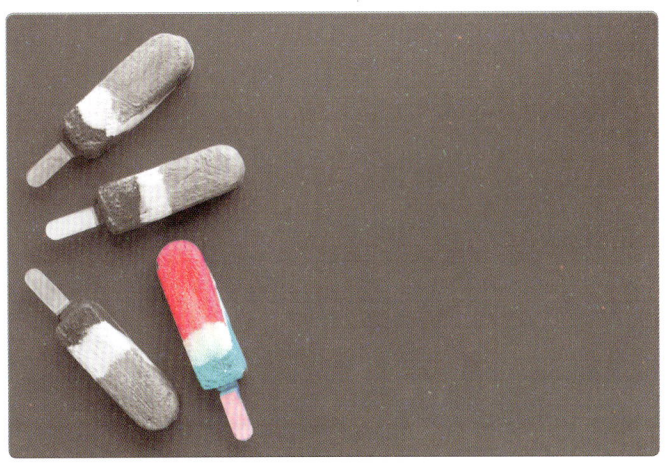

2 웹에서 이미지를 저장하고, 구름, 포인트가 6개인 별, 육각형 도형으로 잘라봅니다.

3 이미지 배경을 삭제해 봅니다.

CHAPTER 06 타이포 그래피(Typography)

- 글꼴의 크기, 굵기, 정렬 맞춤, 색상으로 텍스트를 디자인할 수 있습니다.
- 도형을 활용하여 텍스트를 디자인할 수 있습니다.
- 텍스트와 이미지를 조합하여 디자인할 수 있습니다.

📁 불러올 파일 : 없음   📁 완성된 파일 : 타이포그래피(완성).show

완성작품 미리보기 굵기를 이용한 타이포 그래피, 다양한 색상을 이용한 타이포 그래피, 도형을 이용한 타이포 그래피, 이미지를 이용한 타이포 그래피

{ 오늘 배울 기능 }

  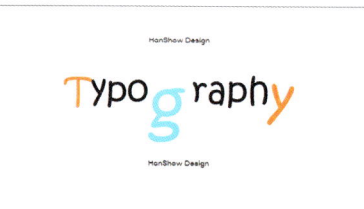

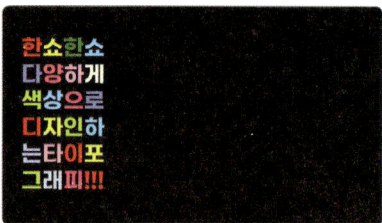 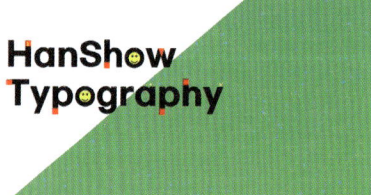 

스토리 소개

타이포 그래피는 글자와 문자를 시각적으로 표현하는 예술 및 기술입니다. 글꼴의 크기, 굵기, 정렬, 색상, 도형 등으로 다양한 타이포 그래피를 디자인해 봅니다.

굵기, 정렬을 이용한 타이포 그래피

❶ [한쇼 2022]를 실행한 다음 '새 문서'를 클릭한 후, [레이아웃]-'빈 화면'을 클릭합니다.

❷ 이어서, 빈 화면에서 마우스 오른쪽 단추를 눌러 [배경 속성]-[채우기]-[단색]-[색]-[스펙트럼]을 선택한 후, R(42), G(42), B(54)를 입력한 다음 <적용> 단추를 클릭합니다.

❸ [입력] 탭-[글상자]-'빈 화면'을 클릭한 후, '한쇼 디자인 타이포 그래피'를 3줄 입력한 다음 전체를 드래그하고 서식 도구에서 [글자 크기(40.0 pt)]-'40pt', [글자 색(가)]-'주황 40% 밝게'를 선택합니다.

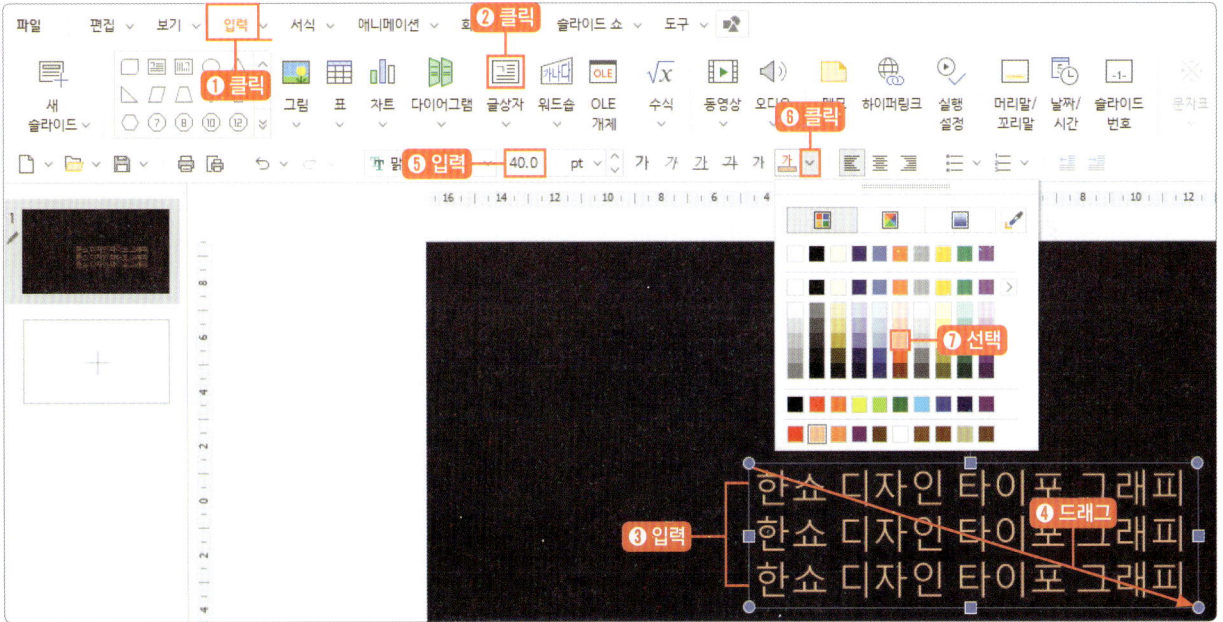

❹ 첫 줄을 드래그하고 서식 도구에서 [글꼴(맑은 고딕)]-'G마켓 산스 TTF Light'를 클릭합니다.

❺ 두 번째 줄은 'G마켓 산스 TTF Bold', 세 번째 줄은 'G마켓 산스 TTF Medium'으로 글꼴을 변경합니다.

❻ [선택한 슬라이드 복제]를 이용한 다음 [도형] 탭-[맞춤]-[왼쪽 맞춤], [가운데 맞춤], [오른쪽 맞춤] 등으로 텍스트를 정렬하고 배치합니다.

▲ 슬라이드 1(중간 맞춤)

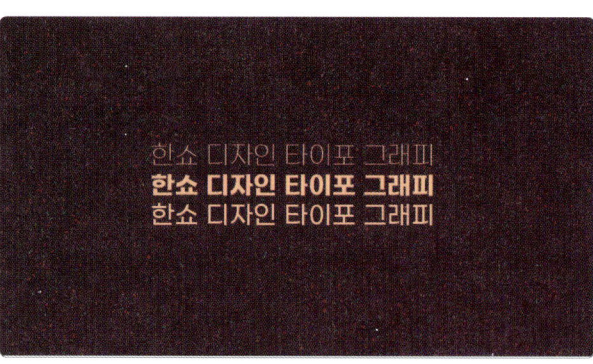
▲ 슬라이드 2(가운데 맞춤)

▲ 슬라이드 3(왼쪽 상단)

▲ 슬라이드 4(왼쪽 하단)

2 크기, 색상, 글꼴을 이용한 타이포 그래피

❶ [편집] 탭-[새 슬라이드]-'빈 화면'을 선택해서 슬라이드를 추가합니다.

❷ [입력] 탭-[글상자]-[가로 글상자]-'빈 화면'을 클릭한 후, 'Typo raph'를 입력합니다.

❸ 글상자 테두리를 클릭한 다음 글꼴(Kristen ITC), 글자 크기(88pt)로 설정합니다.

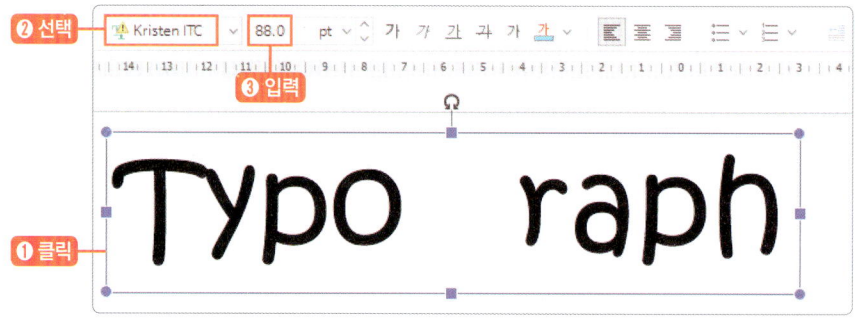

④ 'T'를 드래그한 다음 글자 색(강조 2 주황)으로 설정합니다.

⑤ [입력] 탭-[글상자]-[가로 글상자]-'빈 화면'을 클릭한 다음 'g'를 입력합니다.

⑥ 글상자 테두리를 클릭한 다음 글꼴(Kristen ITC), 글자 크기(166pt)로 설정합니다.

⑦ g를 드래그 한 다음 글자 색(시안)으로 설정한 다음 텍스트를 드래그하여 위치를 가운데에 맞춰줍니다.

⑧ [입력] 탭-[글상자]-[가로 글상자]-'빈 화면'을 클릭하고 'y'를 입력합니다.

⑨ 'y'를 드래그한 다음 글꼴(Kristen ITC), 글자 크기(138pt), 글자 색(강조 2 주황)으로 설정합니다.

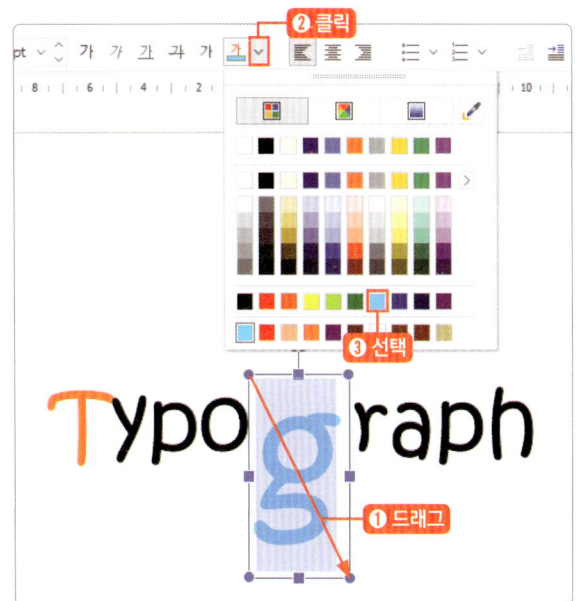

⑩ 'y'를 드래그하여 위치를 오른쪽 끝으로 옮기고 [회전점(⟳)]을 드래그하여 글자를 회전시켜 줍니다.

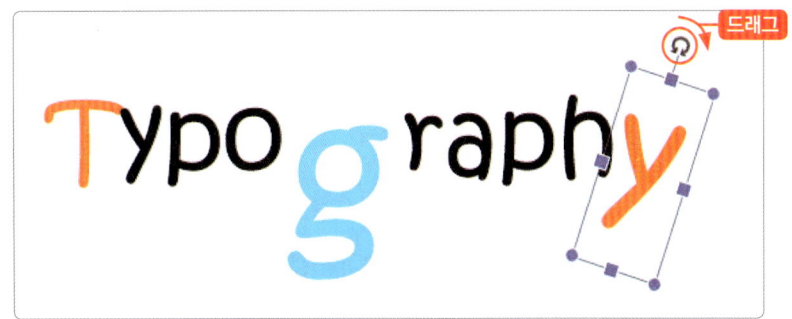

⑪ [입력] 탭-[글상자]-[가로 글상자]-'빈 화면'을 클릭한 다음 'HanShow Design'을 입력합니다.

⑫ 글상자 테두리를 클릭하여 글꼴(G마켓 산스 TTF Medium), 글자 크기(16pt)로 설정합니다.

⑬ 글상자를 클릭한 다음 Ctrl + Shift 키를 누른 상태에서 아래로 드래그하면 수직 복사가 됩니다.

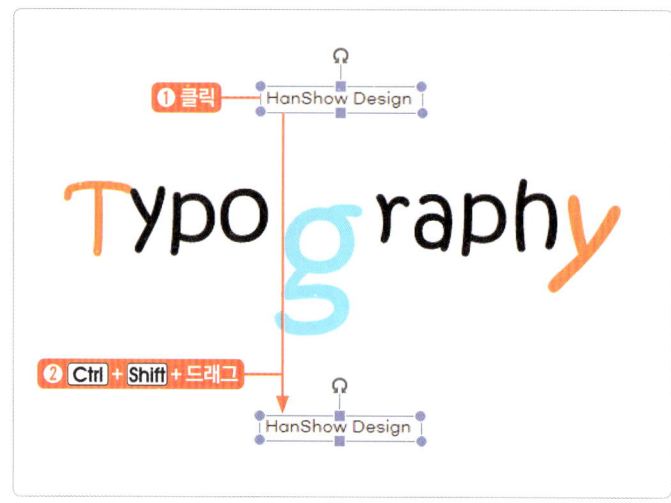

3 색상을 이용한 타이포 그래피
▶ 조화로운 색상을 이용하여 텍스트를 디자인할 수 있습니다.

❶ '빈 화면'을 추가한 다음 가로 글상자를 이용하여 한 줄에 4글자씩 '한쇼한쇼/다양하게/색상으로/디자인하/는타이포/그래피!!!'를 입력합니다.
 ※ 글꼴(G마켓 산스 TTF Bold), 글자 크기(54pt)

❷ 한 글자씩 드래그 하여 색상을 변경한 후, 슬라이드의 배경색을 '검정'으로 변경합니다.

4 도형을 이용한 타이포 그래피
▶ 기본 글꼴에 도형을 추가하여 생동감 있는 텍스트를 디자인할 수 있습니다.

❶ '빈 화면'을 추가한 다음 [입력] 탭-[도형]-[자세히(⌄)]-[선]-'자유형'을 클릭하여 배경이 될 도형을 그려줍니다.

❷ 빈 화면에 'HanShow/Typography'를 입력합니다.

❸ '직사각형'을 이용하여 글자의 포인트가 될 부분 위에 그려줍니다.

❹ 같은 방식으로 '삼각형', '웃는 얼굴', '타원'등의 도형으로 디자인합니다.

5 이미지를 이용한 타이포 그래피
▶ 텍스트와 이미지를 결합하여 디자인을 하면 색다른 텍스트 디자인을 할 수 있습니다.

❶ '빈 화면'을 추가한 다음 한 줄에 3글자씩 '타이포/그래피'를 입력합니다.
※ 글꼴(G마켓 산스 TTF Bold), 글자 크기(166pt)

❷ 글상자를 클릭한 다음 [도형] 탭-[글자 채우기]-[그림]-[불러올 파일]-[CHAPTER 06]-'타이포 그림.jpg'를 선택하고 <열기> 단추를 클릭합니다.

❸ [파일]-[다른 이름으로 저장하기]를 선택하여 본인의 폴더를 선택한 후, 파일 이름을 '타이포 그래피'를 입력합니다. 이어서, <저장> 단추를 클릭합니다.

[텍스트에 이미지를 합성하는 다양한 방법]

- [글상자] 클릭–[마우스 오른쪽 단추] 클릭–[글자 속성]–[글자 채우기]–[질감/그림]–[그림]을 사용하여 텍스트에 그림을 삽입할 수 있습니다.

■ 불러올 파일 : 없음   ■ 완성된 파일 : 06_연습하기(완성).show

1 다음 그림과 같은 타이포 그래피 디자인을 완성합니다.

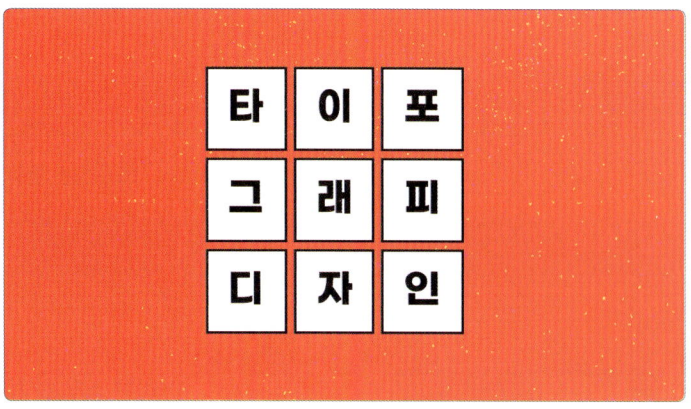

2 다음 그림과 같은 타이포 그래피 디자인을 완성합니다.

3 다음 그림과 같이 글자에 그림을 삽입하여 봅니다.

CHAPTER 07 아이콘과 패턴으로 디자인하기

- 아이콘을 삽입할 수 있습니다.
- 아이콘을 그림으로 저장하고 패턴을 만들 수 있습니다.

📁 불러올 파일 : 아이콘실습.show   📁 완성된 파일 : 아이콘실습(완성).show, 아이콘패턴(완성).show

{ 오늘 배울 기능 }

아이콘 삽입하기, 아이콘 그림으로 저장하기, 아이콘으로 패턴만들기

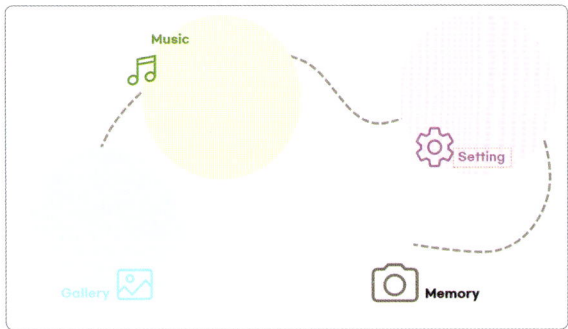

아이콘은 간결하고 상징적인 이미지나 기호로 특정 기능, 내용 또는 서비스를 시각적으로 대표합니다. 아이콘을 이용하여 다양하게 디자인해 봅니다.

1 아이콘 삽입하고 편집하기

❶ '아이콘실습.show' 파일을 불러옵니다.

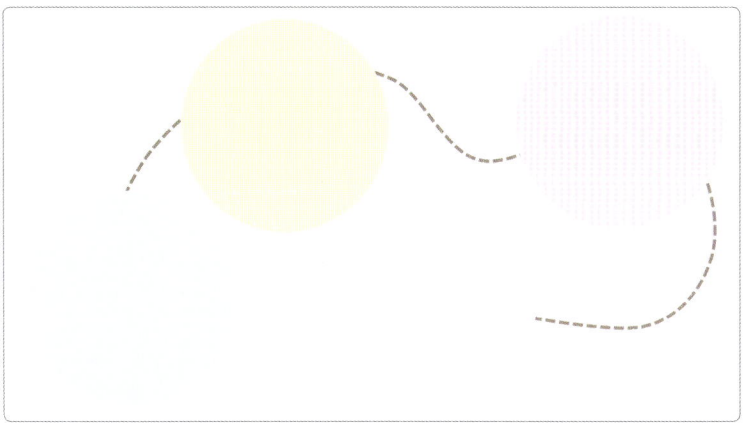

❷ [보기] 탭-[작업 창]-[사용자 정의 도형]을 클릭하고 '사용자 정의 도형' 작업 창에서 '아이콘'을 클릭합니다.

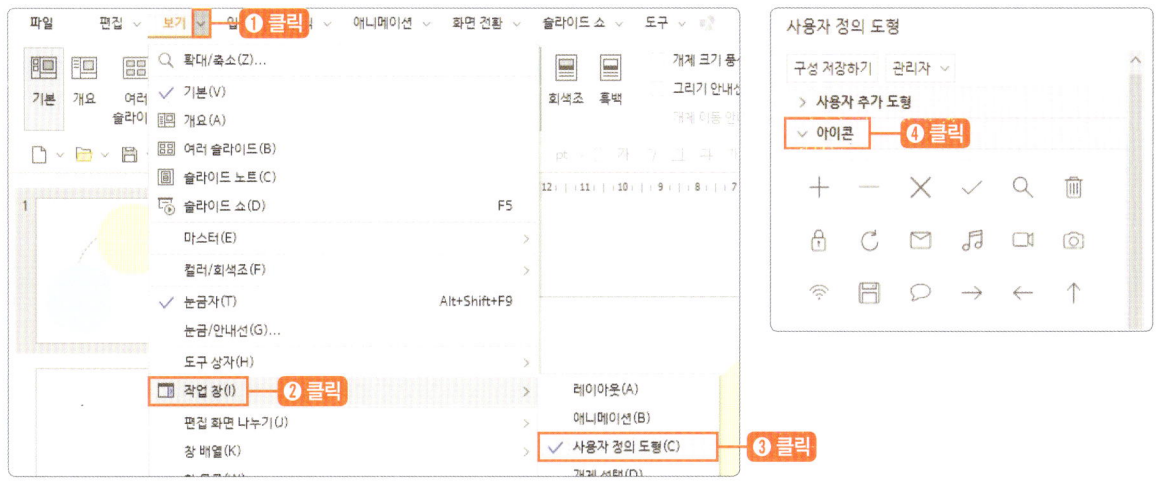

❸ '아이콘'에서 카메라 모양의 아이콘을 찾아 클릭하여 삽입합니다.

❹ 아이콘의 크기와 위치를 조절하고 [가로 글상자]를 이용하여 'Memory'를 입력합니다.
　※ 글꼴(G마켓 산스 TTF Bold), 글자 크기(20pt)

❺ 톱니바퀴 모양의 아이콘을 찾아 클릭하여 삽입합니다.

❻ 아이콘의 크기와 위치를 조절하고 [가로 글상자]를 이용하여 'Setting'을 입력합니다.
※ 글꼴(G마켓 산스 TTF Bold), 글자 크기(20pt), 글자 색(보라)

❼ 아이콘을 클릭하고 [도형] 탭-[도형 채우기]-'보라'로 변경해 줍니다.

❽ 음표 모양의 아이콘을 찾아 클릭하여 삽입합니다.

❾ 아이콘의 크기와 위치를 조절하고 [가로 글상자]를 이용하여 'Music'을 입력합니다.
※ 글꼴(G마켓 산스 TTF Bold), 글자 크기(20pt), 글자 색(초록)

❿ 아이콘을 클릭하고 색을 '초록'으로 변경합니다.

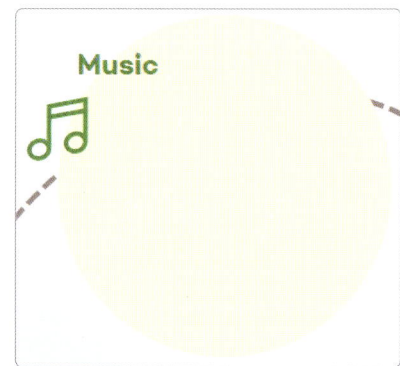

⓫ 같은 방법으로 아이콘과 텍스트를 삽입합니다.
※ 글꼴(G마켓 산스 TTF Bold), 글자 크기(20pt), 글자 색(시안)

2 아이콘을 패턴으로 만들기

① [한쇼 2022]를 실행한 다음 '빈 화면'에서 원하는 아이콘 4개를 추가하고 크기와 위치를 조정한 다음 모두 선택하여 마우스 오른쪽 단추를 눌러 [그룹]-'개체 묶기'를 선택합니다.

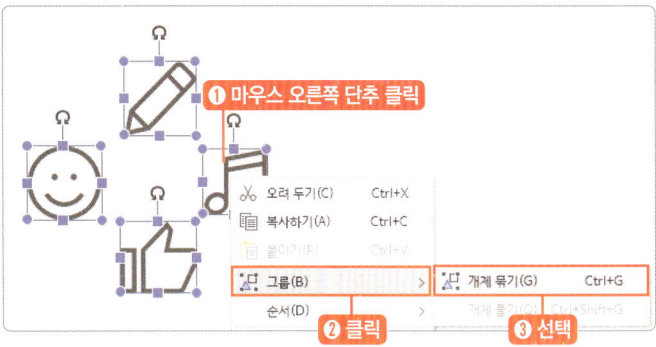

② 그룹으로 묶은 개체를 마우스 오른쪽 단추로 눌러 [그림 파일로 저장]을 클릭합니다. 이어서, 본인의 폴더에 파일 이름을 '패턴', 파일 형식을 'JPG'로 저장합니다.

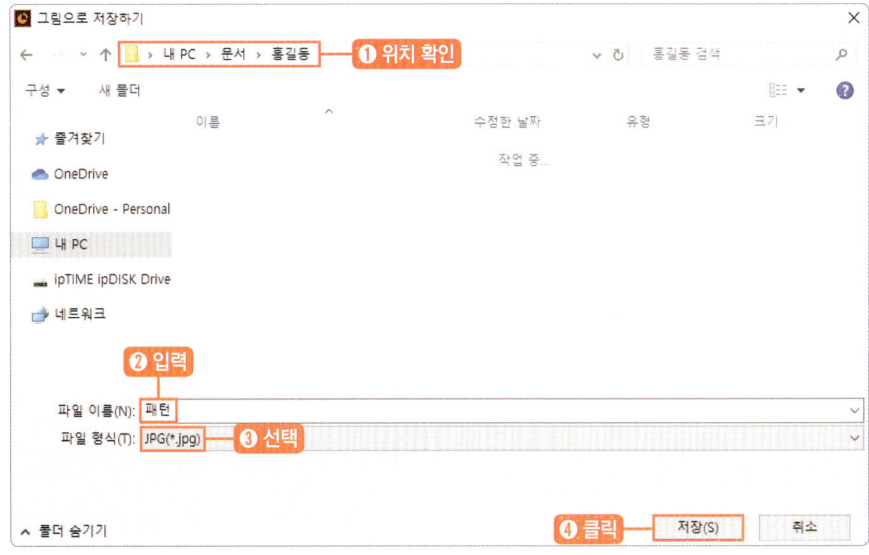

③ 추가했던 아이콘을 지우고 슬라이드에서 [마우스 오른쪽 단추 클릭]-[배경 속성]-[채우기]-[질감/그림]-'그림'을 클릭하여 저장했던 패턴을 불러옵니다.

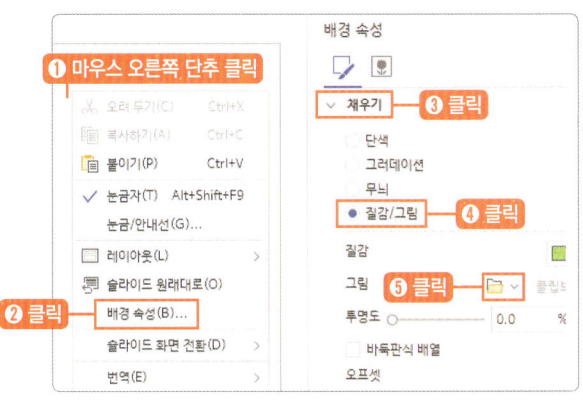

④ '바둑판식 배열'을 체크하고, 배율 X(100%), 배율 Y(100%)를 입력하면 배경이 패턴으로 설정된 것을 확인할 수 있습니다.

⑤ 색을 추가하기 위해 [입력] 탭-[도형]-[자세히]-'직사각형'을 클릭하고 슬라이드 크기에 맞게 드래그하여 도형을 추가합니다.

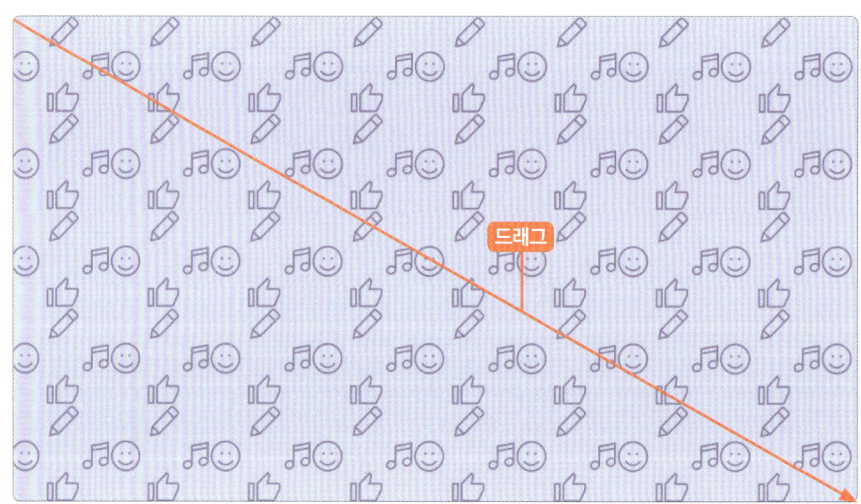

⑥ 개체 속성 창에서 [채우기]-[단색]-[색]-'강조 4 노랑'을 클릭하고, 투명도(80%)를 입력하면 패턴에 색을 넣을 수 있습니다. 이어서, 윤곽선을 없애줍니다.

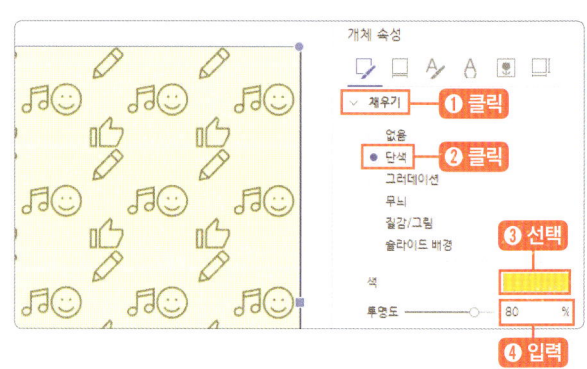

⑦ [파일]-[다른 이름으로 저장하기]를 선택하여 본인의 폴더를 선택한 후, 파일 이름을 '아이콘패턴'을 입력합니다. 이어서, <저장> 단추를 클릭합니다.

■ 불러올 파일 : 없음   ■ 완성된 파일 : 연습하기 07(완성).show

① 아이콘을 추가하여 크기와 위치를 변경해 봅니다.

② 나만의 패턴 배경을 만들어 봅니다.

CHAPTER 08 표를 활용해서 디자인하기

- 원하는 사이즈의 표를 삽입하고 선의 굵기와 면으로 디자인할 수 있습니다.
- 표를 활용해서 이미지를 편집할 수 있습니다.

📁 불러올 파일 : 표 이미지.png   📁 완성된 파일 : 표 이미지.show

오늘 배울 기능
표 삽입

스토리 소개

디자인에서 표는 규격을 쉽게 맞추고 정렬하기 쉬운 방법 중 하나입니다. 표의 속성을 변경하여 다양한 이미지를 디자인해 봅니다.

표 삽입하고 테두리 변경하기

❶ [새 문서]-[레이아웃]-'빈 화면'을 클릭한 다음 [입력] 탭-[표]를 클릭하고 4×4만큼 드래그하여 표를 삽입합니다.

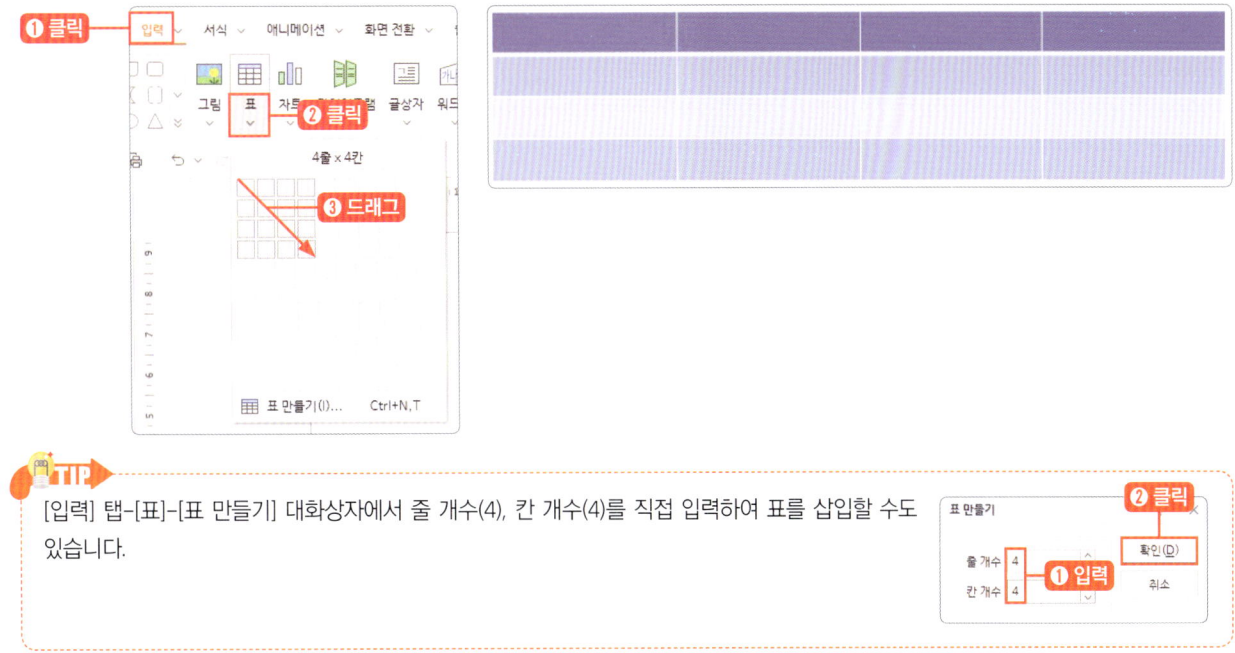

> **TIP**
> [입력] 탭-[표]-[표 만들기] 대화상자에서 줄 개수(4), 칸 개수(4)를 직접 입력하여 표를 삽입할 수도 있습니다.

❷ 표 테두리를 클릭한 다음 [표 디자인] 탭-[표 스타일]-[자세히]-'표 스타일 지우기'를 선택합니다.

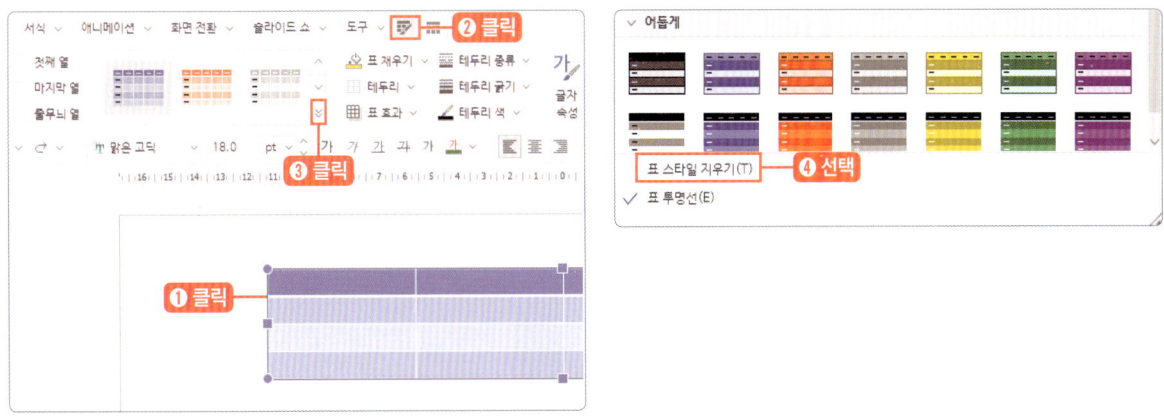

❸ 표 안쪽을 클릭하고 다음과 같이 텍스트를 입력한 후, 글꼴 및 정렬은 자유롭게 지정합니다.

	가위	바위	보
가위	비김	승	패
바위	패	비김	승
보	승	패	비김

2 선을 최소화해서 디자인하기

① 앞에서 만든 표를 전체 드래그한 다음 [표 디자인] 탭-[테두리]에서 [테두리 없음], [왼쪽 테두리], [오른쪽 테두리], [안쪽 세로 테두리]를 순서대로 클릭하여 디자인해 봅니다.

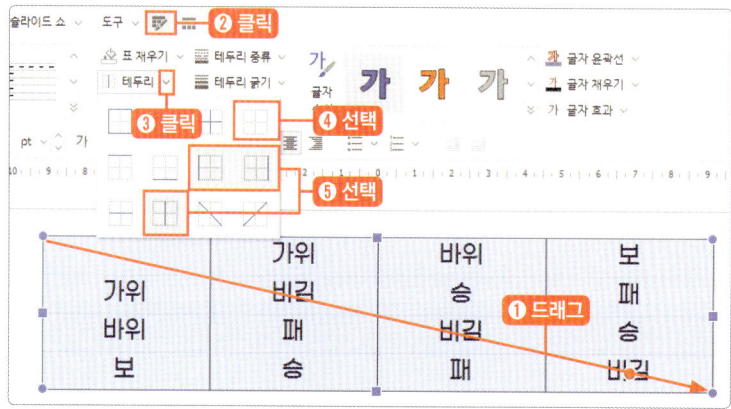

② 첫 번째 칸을 드래그한 다음 [표 디자인] 탭-[테두리 굵기]-[2.25pt]를 선택하고 [테두리]-[아래쪽 테두리]를 선택합니다.

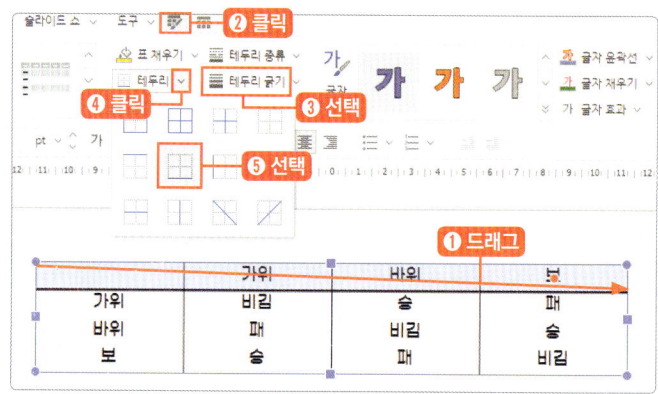

3 면으로 디자인하기

① 표 전체를 드래그한 다음 [테두리 굵기]-[1.5pt]를 선택하고 [테두리]에서 [테두리 없음], [위쪽 테두리], [아래쪽 테두리], [안쪽 가로 테두리]를 순서대로 클릭합니다.

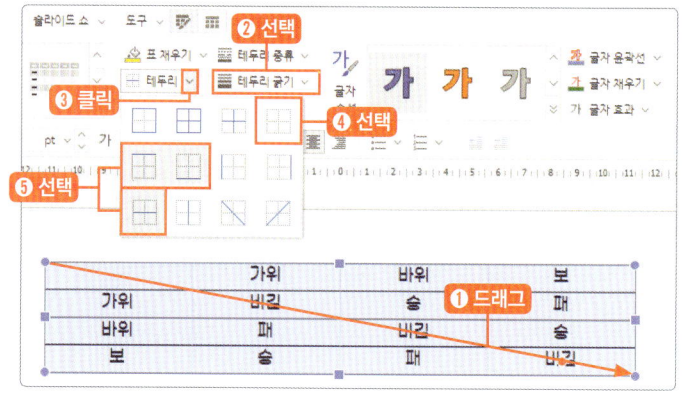

❷ 첫 번째 칸을 드래그한 다음에 [표 디자인] 탭-[표 채우기]-'초록 60% 밝게'를 선택합니다.

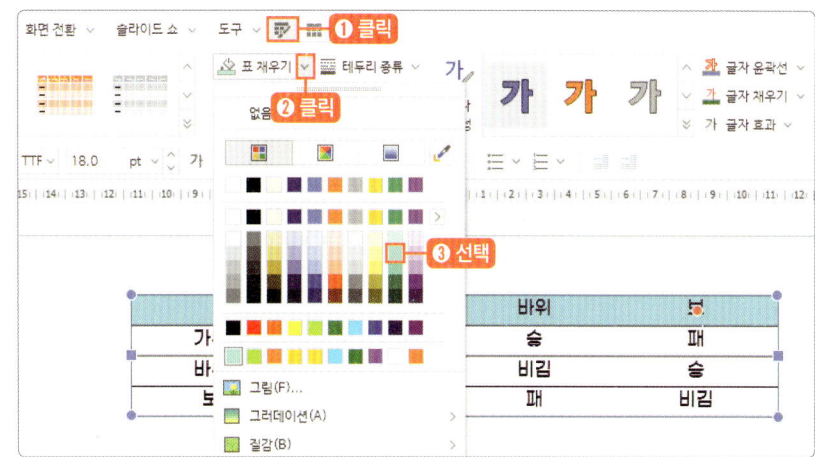

❸ 1칸 2줄~4줄을 드래그한 다음 [표 디자인] 탭-[표 채우기]-'초록 80% 밝게'를 선택합니다.

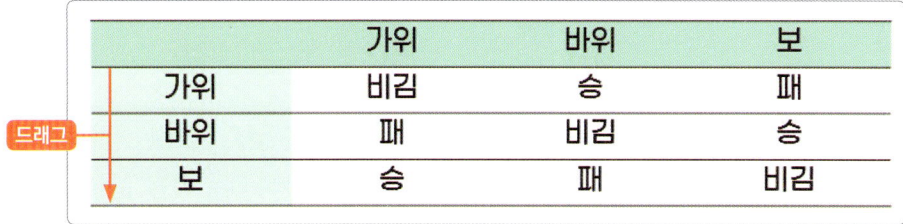

4 표를 활용해 이미지 편집하기

❶ [새 슬라이드]-'빈 화면'을 클릭한 다음 [입력] 탭-[표]-[표 만들기]를 클릭하고 줄 개수(7), 칸 개수(7)로 입력한 다음 슬라이드 화면에 꽉 차게 크기를 조절해 줍니다.

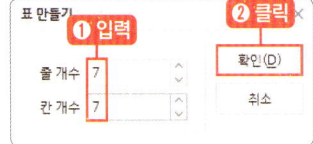
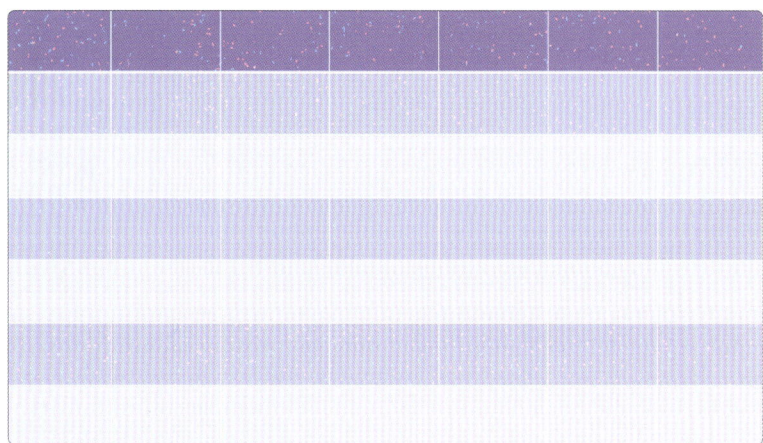

❷ 표 전체를 드래그하고 [표 디자인] 탭-[테두리 굵기]-'1pt', [테두리 색]-'하양'을 지정한 후, [테두리]-[테두리 없음], [모든 테두리]를 순서대로 클릭하여 테두리를 설정해 줍니다.

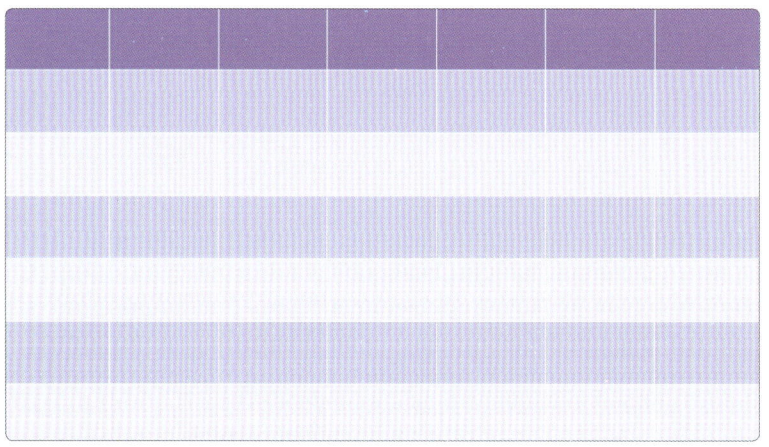

❸ 표를 선택하고 [표 디자인] 탭-[표 채우기]-'그림'을 클릭한 다음 [불러올 파일]-[CHAPTER 08]-'표 이미지' 그림을 삽입합니다.

④ 표 전체를 드래그하고 [마우스 오른쪽 단추 클릭]-[개체 속성]에서 [바둑판식 배열] 체크, 기준점(왼쪽 위), 배율 X(63%), 배율 Y(63%)로 설정합니다.

⑤ 안쪽 셀들을 드래그한 후 투명도(50%)를 설정하여 이미지를 편집합니다.

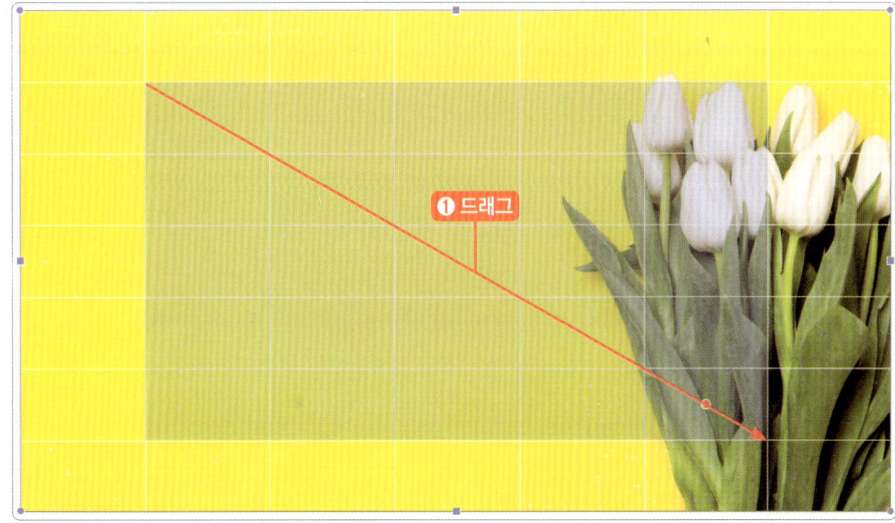
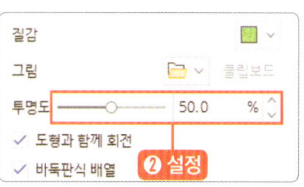

⑥ 투명도를 설정한 셀의 안쪽 셀을 다시 드래그하여 투명도(30%)를 설정해 봅니다.

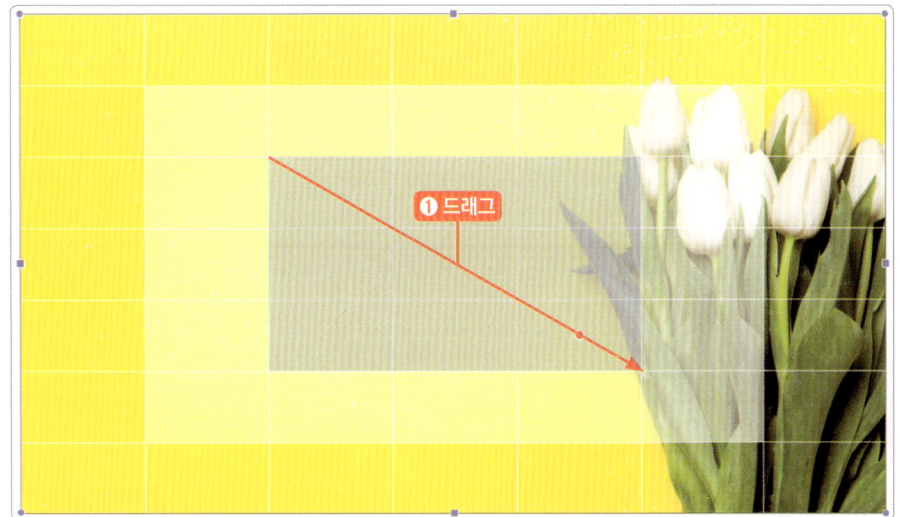
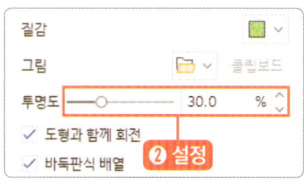

❼ [입력] 탭-[글상자]-[가로 글상자]를 이용하여 'HANSHOW PRESENTATION'을 입력하고 다음과 같이 위치를 지정합니다.

※ 글꼴(G마켓 산스 TTF Bold), 글자 크기(50pt), 가운데 정렬

❽ [파일]-[다른 이름으로 저장하기]를 선택하여 본인의 폴더를 선택한 후, 파일 이름을 '표 이미지'를 입력합니다. 이어서, <저장> 단추를 클릭합니다.

■ 불러올 파일 : 08_연습하기.show ■ 완성된 파일 : 08_연습하기(완성).show

1 아래 그림과 같이 표를 삽입하고 선을 변경합니다.

	가위	바위	보
승 패 비김			

2 다음 그림과 같이 표를 활용해서 디자인합니다.

CHAPTER 09 다이어그램으로 디자인하기

학습목표
- 다이어그램을 추가하고 내용을 편집할 수 있습니다.
- 다이어그램에 그림을 추가할 수 있습니다.
- 다이어그램 디자인에 항목을 추가할 수 있습니다.

📁 불러올 파일 : 다이어그램.show, 그림1~4.jpg, 다이어그램.txt   📁 완성된 파일 : 다이어그램(완성).show

완성작품 미리보기

오늘 배울 기능

내용 편집하기, 그림 추가하기, 다이어그램에 항목 추가하기

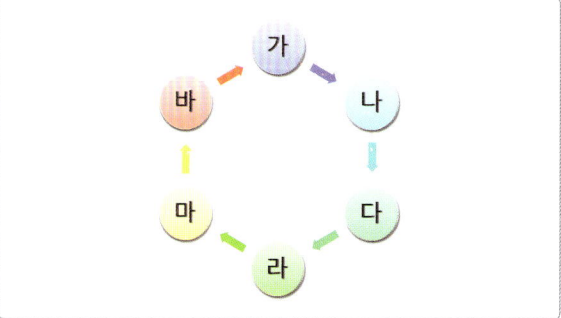

스토리 소개

다이어그램은 정보와 아이디어를 시각적으로 표현하기 위한 도구입니다. 다양한 레이아웃을 활용하여 메시지나 아이디어를 효과적으로 전달할 수 있습니다.

1 다이어그램에 내용 추가하기

① '다이어그램.show' 파일을 불러옵니다.

② [입력] 탭-[다이어그램]-'세로 설명 목록형'을 클릭하여 다이어그램을 추가합니다.

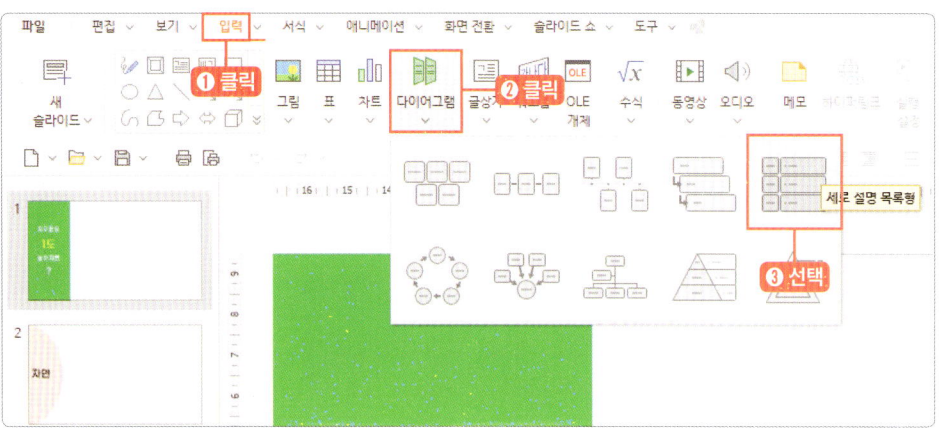

③ [불러올 파일]-[CHAPTER 09]-'다이어그램.txt' 파일을 참고하여 오른쪽 개체 속성 창에서 내용을 입력합니다. 이어서, 위치를 조정합니다.

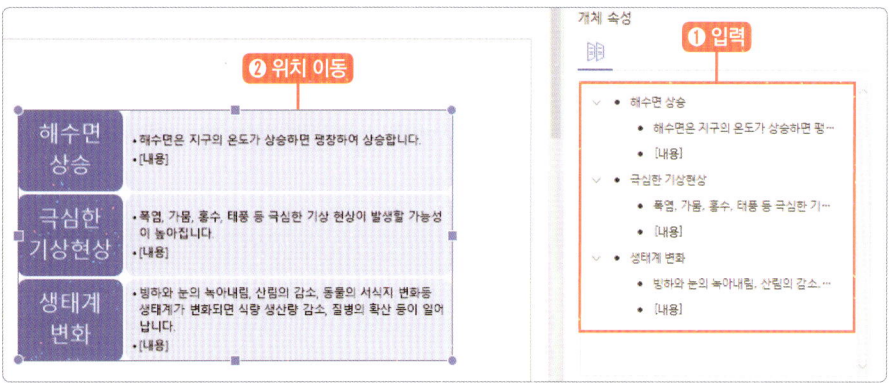

④ 내용이 없는 항목을 삭제하기 위해 [개체 속성] 창에서 내용이 없는 항목을 클릭하고 아래쪽의 <항목 삭제> 단추를 클릭합니다.

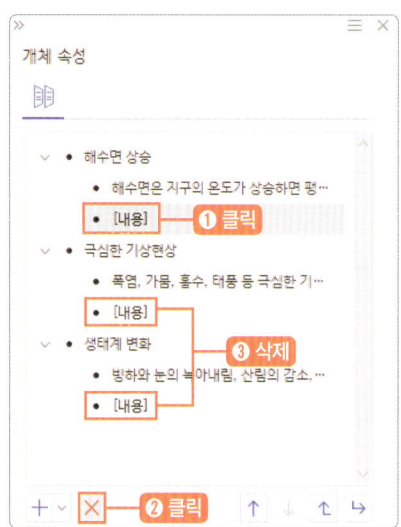

⑤ [다이어그램] 탭-[색 변경]-[색 조합]-'강조색 반복'을 선택합니다.

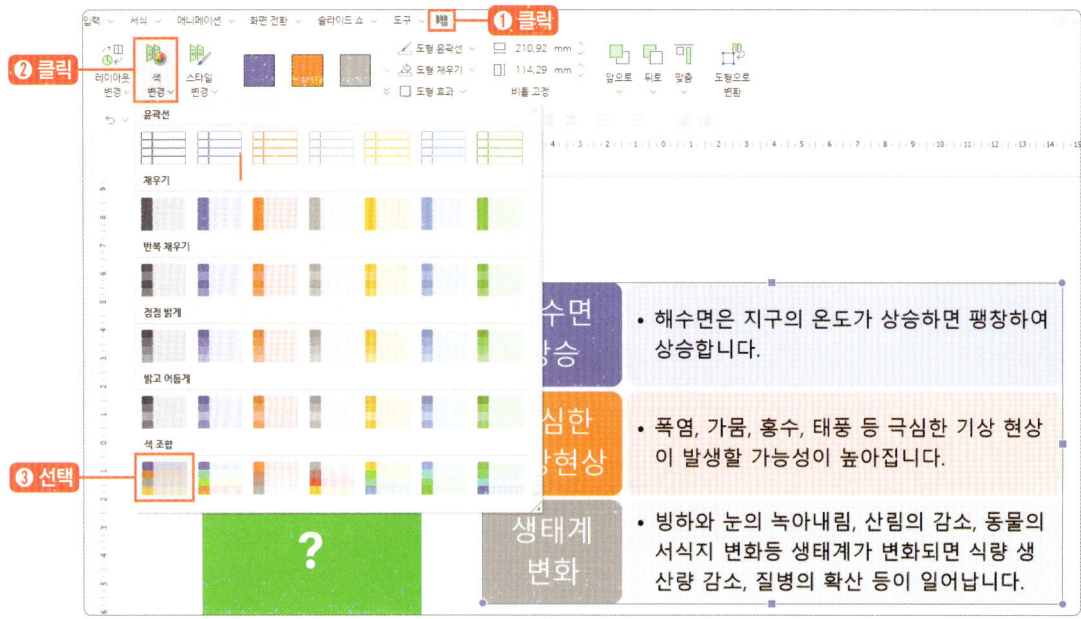

2 다이어그램에 그림 추가하기

① 두 번째 슬라이드를 클릭하고 [입력] 탭-[다이어그램]-'모서리가 둥근 블록 목록형'을 선택합니다.

② 다이어그램을 마우스 오른쪽 단추를 눌러 [도형으로 변환]을 클릭하여 도형으로 변환 시켜줍니다.

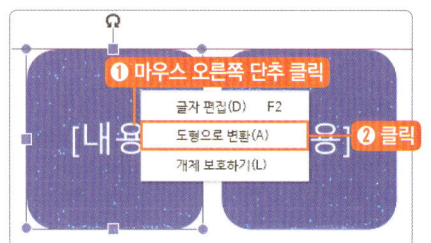

③ 도형으로 변환된 다이어그램 중 하나를 선택하고 [도형] 탭-[도형 채우기]-[그림]에서 [불러올 파일]-[CHAPTER 09]-'그림1.jpg'를 삽입합니다.

❹ 같은 방법으로 나머지 다이어그램도 그림으로 채워봅니다.

❺ 마지막 다이어그램을 Delete 키를 눌러 삭제하고 각 다이어그램마다 있는 텍스트를 지워봅니다. 이어서, 다이어그램의 크기와 위치를 조정합니다.

3 다이어그램에 항목 추가하기

❶ 세 번째 슬라이드에서 다이어그램을 더블 클릭한 다음 [개체 속성] 창 아래쪽에 있는 <항목 추가> 단추를 클릭하여 항목을 추가해 봅니다.

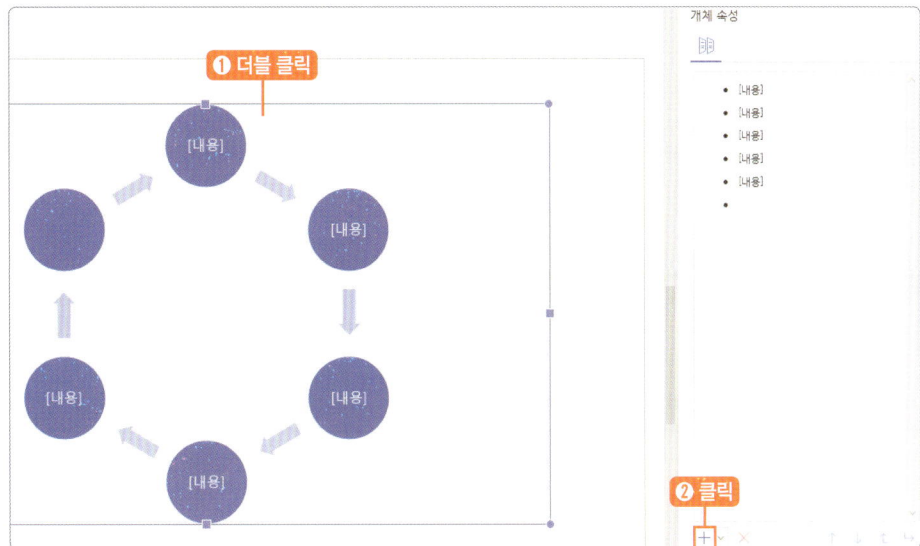

CHAPTER 09_ 다이어그램으로 디자인하기 • **069**

❷ [다이어그램] 탭-[색 변경]-[색 조합]-'강조색 1-2'를 선택하고 [스타일 변경]-'밝은 그러데이션'을 순서대로 클릭합니다. 이어서, 다이어그램 안에 내용을 추가해 봅니다.

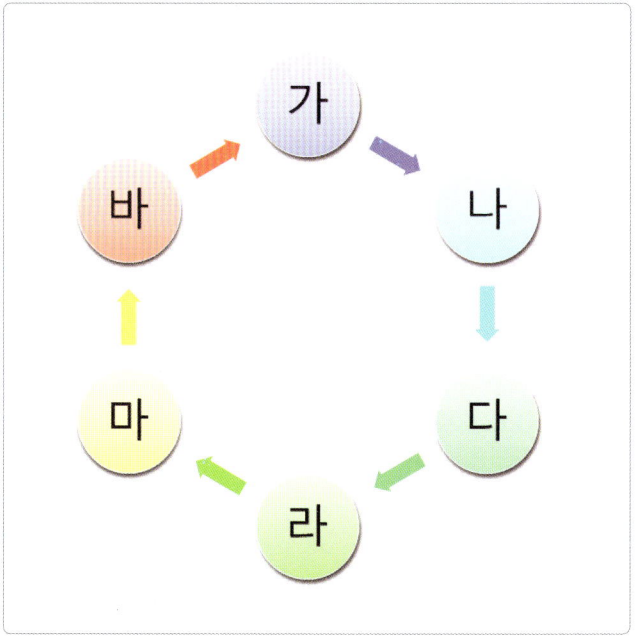

❸ [파일]-[다른 이름으로 저장하기]를 선택하여 본인의 폴더를 선택한 후, 파일 이름을 '다이어그램'을 입력합니다. 이어서, <저장> 단추를 클릭합니다.

CHAPTER 09

📁 불러올 파일 : 09_연습하기.show, 그림5~8.jpg   📁 완성된 파일 : 09_연습하기(완성).show

1 다음 그림과 같이 다이어그램을 만들어 봅니다.

탄소중립	• 화석연료 사용을 줄이고 재생에너지 사용을 늘린다. • 에너지 효율을 줄이고 재생에너지 사용을 늘린다. • 산림을 조성하고 보호한다. • 탄소포집 및 저장(CCS) 기술을 개발한다.
한국의 대표적인 탄소중립 정책	• 재생에너지 확대 • 에너지효율 향상 • 탄소포집 및 저장(CCS) 기술 개발 • 탄소중립 사회로의 전환을 위한 인프라 구축

2 다음 그림과 같이 다이어그램을 도형으로 변형하고 그림을 채워줍니다.

CHAPTER 09_ 다이어그램으로 디자인하기 • **071**

CHAPTER 10
새 도형을 만들어서 디자인하기

- 여러 가지 도형을 활용하여 새 도형을 만들 수 있습니다.
- 개체 묶기를 이용할 수 있습니다.

📁 불러올 파일 : 도형 활용.show   📁 완성된 파일 : 도형 활용(완성).show

완성작품 미리보기

오늘 배울 기능
여러 가지 도형 활용하기

스토리 소개

개체 묶기는 여러 가지 도형이나 그림 등을 하나로 묶어주는 역할을 합니다. 원하는 모양의 도형이 없다면 개체 묶기를 이용하여 새로운 도형을 만들 수 있습니다.

1 여러 가지 도형 개체 묶기

❶ '도형 활용.show' 파일을 불러옵니다.

❷ [입력] 탭-[도형]-[자세히]-'아래로 구부러진 화살표'를 선택하고 적당한 크기로 삽입합니다.

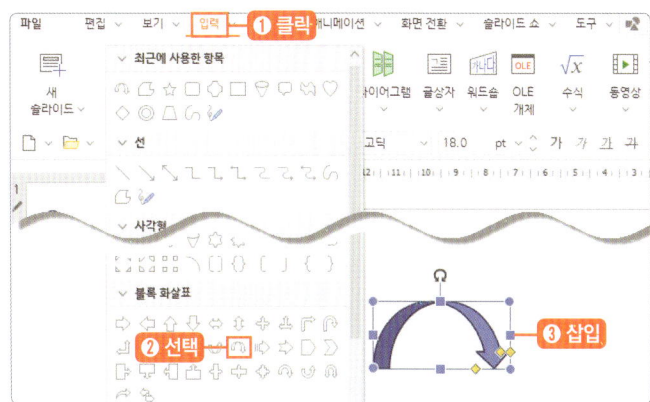

❸ Ctrl 키를 누른 채 드래그하여 도형을 복사하고 [도형] 탭-[회전]-'오른쪽으로 90도 회전'을 두 번 클릭한 후, 위치를 조절합니다.

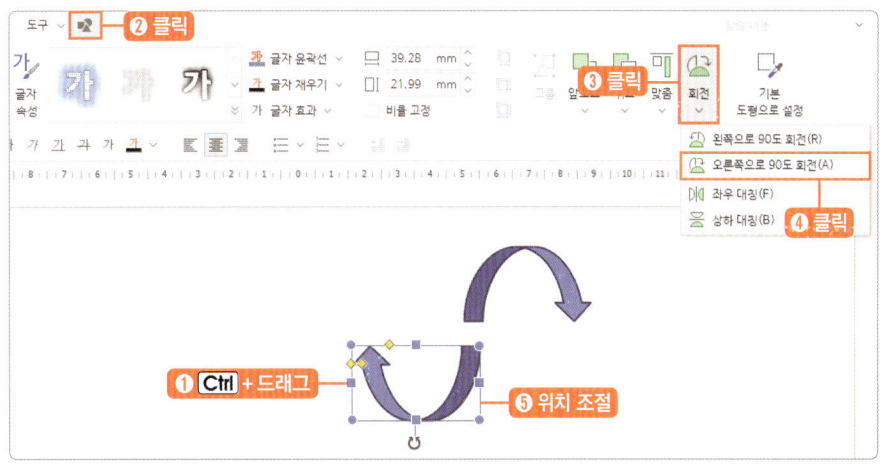

❹ Ctrl 키를 누른 채 드래그하여 도형을 복사하고 [도형] 탭-[회전]-'오른쪽으로 90도 회전'을 한 번 클릭한 후, 위치를 조절합니다.

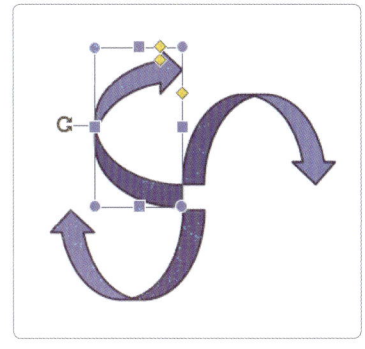

❺ 같은 방법으로 도형을 복사하여 배치하고 전체를 드래그한 후, 마우스 오른쪽 단추로 눌러 [그룹]-'개체 묶기'를 선택합니다.

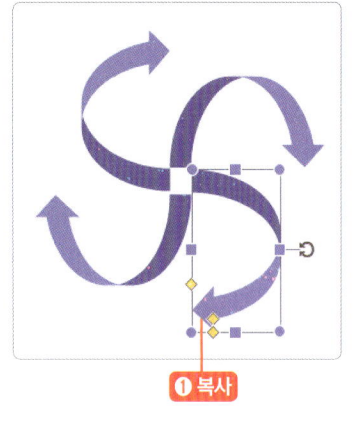
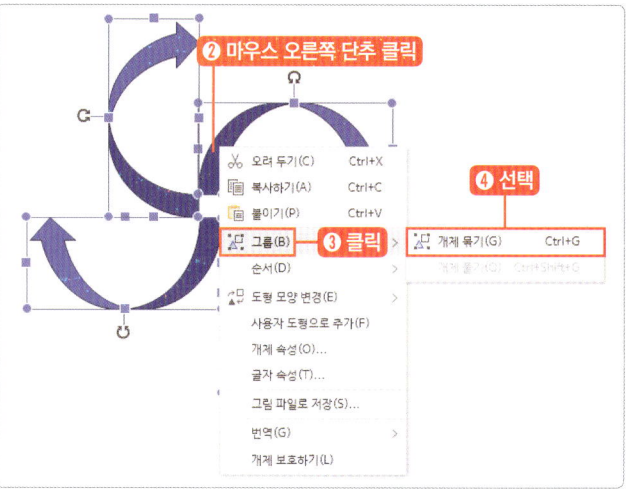

❻ 도형을 클릭하고 [도형] 탭-[도형 윤곽선]-'없음'을 선택한 후, [도형 채우기]에서 자유롭게 색을 지정합니다.

❼ 도형을 여러 개 복사하고 크기와 색을 자유롭게 변경해 봅니다.

2 사용자 도형에 추가하기

① 앞에서 만들었던 여러 개의 도형 중 가장 마음에 드는 도형을 클릭하고 마우스 오른쪽 단추를 눌러 '사용자 도형으로 추가'를 클릭합니다.

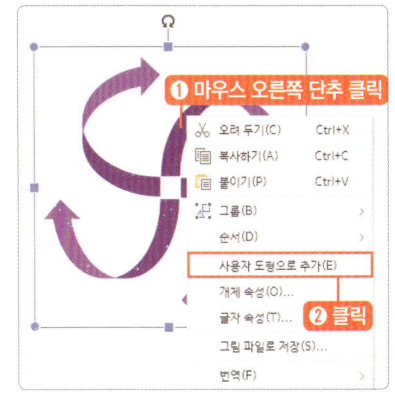

② [사용자 정의 도형] 창이 뜨면서 [사용자 추가 도형]에 직접 만든 도형이 추가된 것을 확인할 수 있습니다.

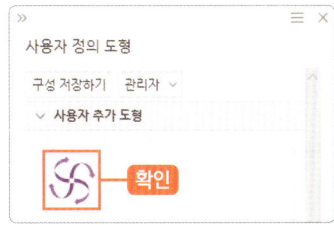

③ 추가된 도형을 클릭하면 도형이 슬라이드에 삽입됩니다.

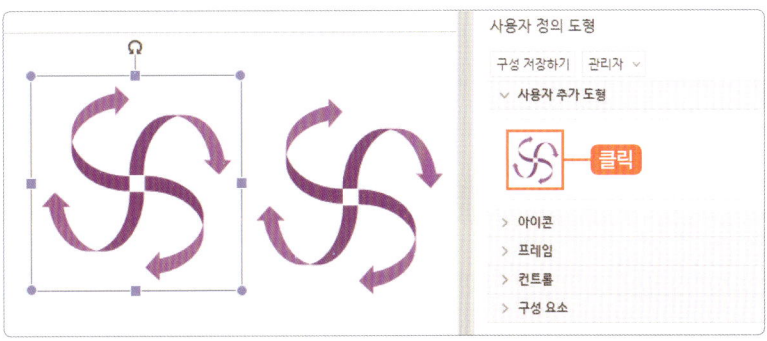

3 윤곽선을 사용하여 새 도형 만들기

① 두 번째 슬라이드에 추가 되어있는 도형들로 풍선을 만들어 봅니다. 추가하고 싶은 도형이 더 있는 경우 도형을 더 추가합니다.

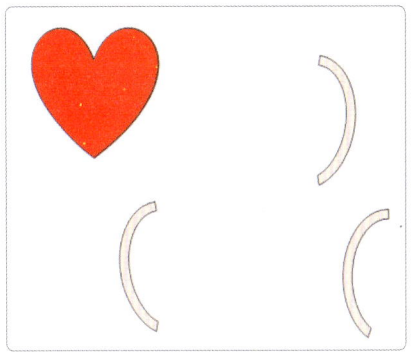

❷ 도형을 드래그하여 다음과 같은 모양으로 겹쳐줍니다. 이어서, 도형 전체를 드래그하고 마우스 오른쪽 단추를 눌러 [그룹]-'개체 묶기'를 선택합니다.

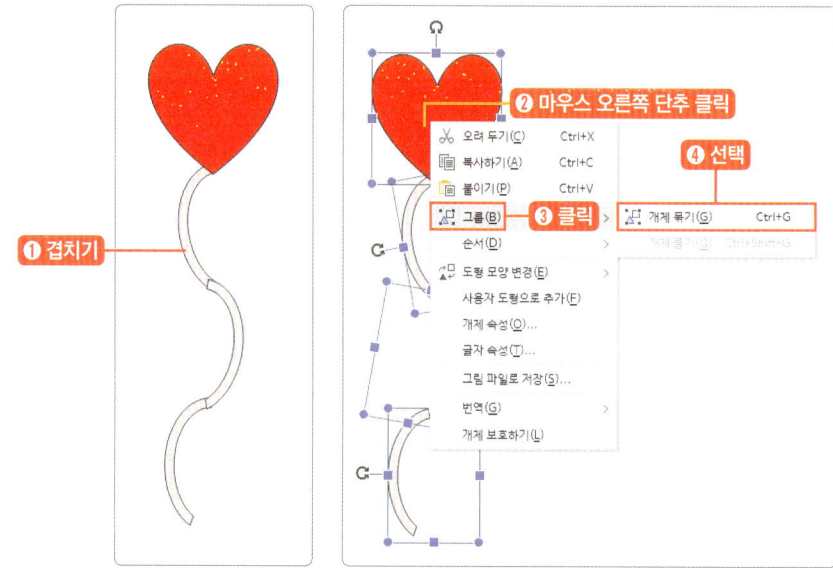

❸ 풍선이 더 자연스럽게 보이기 위해 [도형] 탭-[도형 윤곽선]-'없음'을 선택합니다.

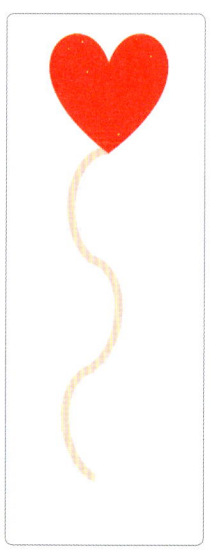

❹ [파일]-[다른 이름으로 저장하기]를 선택하여 본인의 폴더를 선택한 후, 파일 이름을 '도형 활용'을 입력합니다. 이어서, <저장> 단추를 클릭합니다.

CHAPTER 10

■ 불러올 파일 : 없음   ■ 완성된 파일 : 10_연습하기(완성).show

 개체 묶기와 순서를 이용하여 다음 도형을 완성합니다.

CHAPTER 11 네온사인 디자인하기

학습목표
- 텍스트에 네온사인 효과 적용하기
- 도형에 네온사인 효과 적용하기
- 텍스트 전체에 네온사인 효과 적용하고 비네팅 효과 만들기

■ 불러올 파일 : 없음   ■ 완성된 파일 : 네온사인(완성).show

 **완성작품 미리보기**   { 오늘 배울 기능 }

텍스트 입력하기, 텍스트에 네온사인 효과 적용하기, 도형에 네온사인 효과 적용하기, 비네팅 효과 만들기

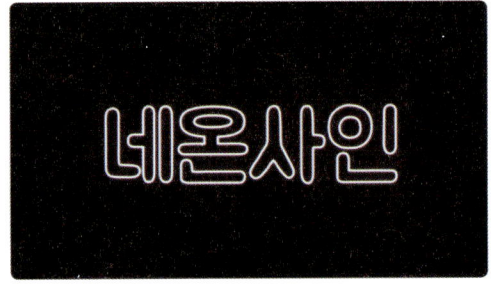 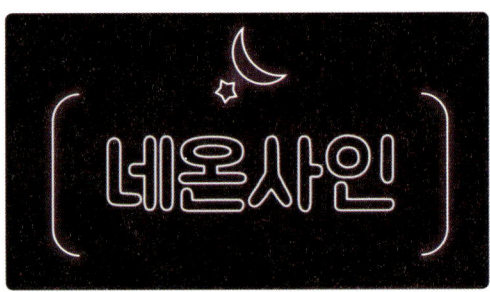

스토리 소개

네온사인은 진공 상태의 유리관 속에 여러 가지 기체를 주입한 뒤 전류를 방전시켜 빛을 내는 조명입니다. 빛이 나는 네온사인 효과를 디자인해 봅니다.

텍스트에 네온사인 효과 적용하기

❶ [새 문서]-[레이아웃]-'빈 화면'을 클릭한 다음 마우스 오른쪽 단추를 눌러 [배경 속성]-[채우기]-[색]-'검정'을 클릭하여 배경을 어두운 색으로 변경합니다.

❷ [가로 글상자]를 이용하여 '네온사인'을 입력합니다.
   ※ 글꼴(배달의민족 주아), 글자 색(하양), 글자 크기(144pt)
   글꼴 : 눈누(https://noonnu.cc)에서 '주아체' 다운로드

❸ '네온사인' 텍스트를 클릭한 다음 마우스 오른쪽 단추를 눌러 [글자 속성]을 클릭합니다.

❹ [개체 속성] 작업 창에서 [글자 채우기]-'없음'을 클릭합니다.

❺ [글자 윤곽선]-[단색]-[색]-'하늘색 80% 밝게', [윤곽선 굵기]-'2.5pt'를 지정합니다.

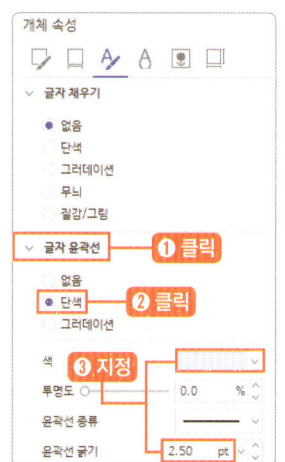

❻ [글자 효과]를 클릭하고 [그림자]-'바깥쪽-가운데'를 선택한 후, [색]-'하늘색 80% 밝게', 투명도(20%), 흐리게(3pt), 크기(100%), 거리(0pt), 각도(0도)를 입력합니다.

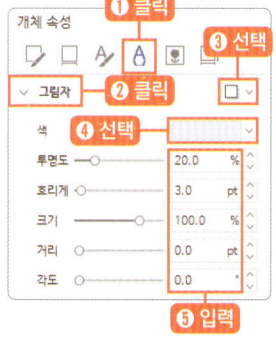

❼ [네온]-'강조색 1, 5pt'를 선택하고 [색]-'하늘색 80% 밝게', 투명도(95%), 크기(6pt)를 입력합니다.

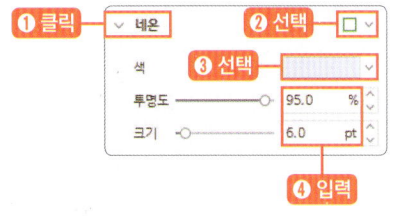

2 도형에 네온사인 효과 지정하기

❶ 슬라이드를 복제한 다음 [입력] 탭-[도형]-[자세히]-'양쪽 대괄호'를 선택하여 드래그합니다.

❷ 도형을 클릭한 다음 마우스 오른쪽 단추를 눌러 [개체 속성]을 클릭합니다.

❸ [개체 속성] 작업 창에서 [선]-[단색]-[색]-'하양', [선 굵기]-'3pt'를 지정합니다.

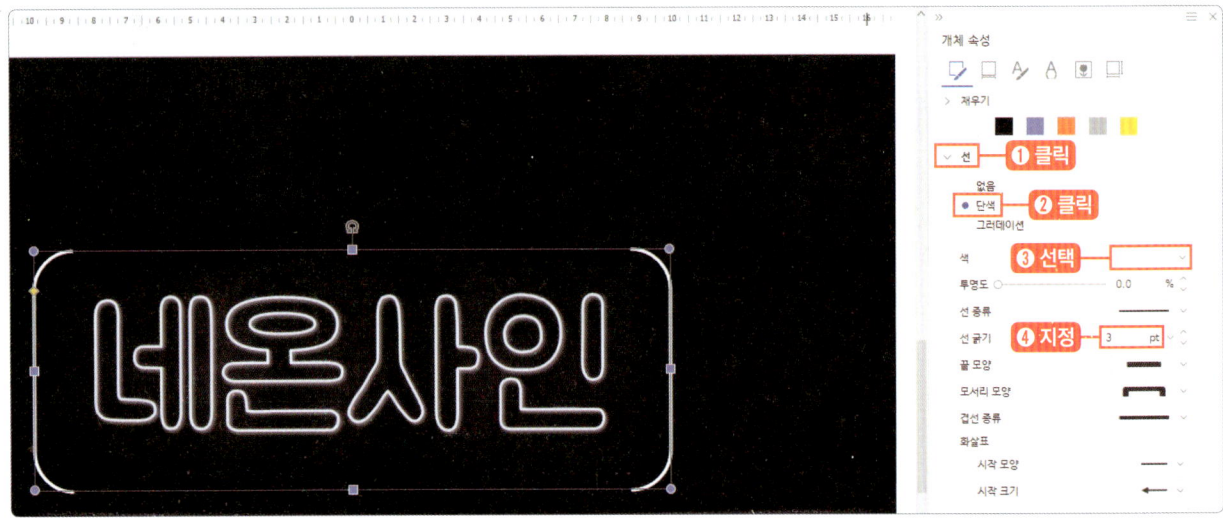

❹ [효과]-[그림자]-'바깥쪽-가운데'를 선택하고 [색]-'하양', 투명도(60%), 흐리게(4pt), 크기(100%), 거리(0pt), 각도(0도)를 입력합니다.

❺ [네온]-'강조색 1, 5pt'를 선택하고 [색]-'강조 1 하늘색', 투명도(80%), 크기(30pt)를 입력합니다.

❻ [입력] 탭-[도형]-[자세히]-'달'을 클릭하여 드래그합니다.

❼ [양쪽 대괄호] 도형을 클릭하고 [편집] 탭-[모양 복사]-'모양 복사'를 클릭합니다.

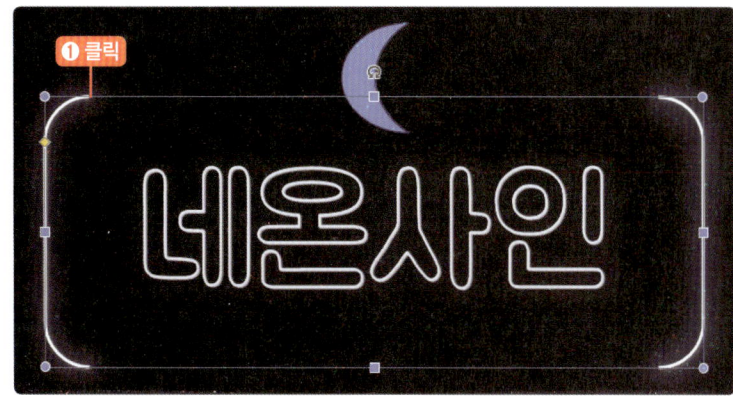

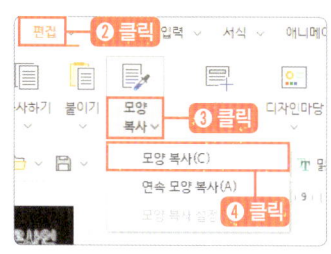

❽ '달'을 클릭하면 지정된 서식만 복사됩니다.

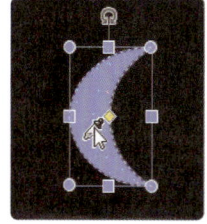 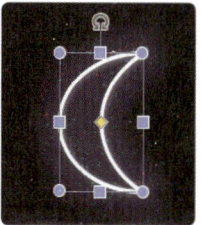

❾ [입력] 탭-[도형]-[자세히]-'포인트가 5개인 별'을 클릭하여 드래그합니다.

❿ [달] 도형을 클릭하고 [편집] 탭-[모양 복사]를 클릭합니다.

⓫ '별'을 클릭한 다음 크기 및 회전으로 도형을 배치합니다.

3 텍스트 전체에 네온사인 효과 지정하기

❶ [새 슬라이드]-'빈 화면'을 클릭한 다음 마우스 오른쪽 단추를 눌러 [배경 속성]-[채우기]-[단색]-[색]-'시안'을 클릭합니다.

❷ [가로 글상자]를 이용하여 '네온사인'을 입력합니다.
  ※ 글꼴(배달의민족 주아), 글자 크기(144pt)

❸ '네온사인' 텍스트를 클릭한 다음 마우스 오른쪽 단추를 눌러 [글자 속성]을 클릭합니다.

❹ [개체 속성] 작업 창에서 [글자 채우기]-'그러데이션'을 클릭합니다.

❺ [글자 효과]-[네온]-'강조색 1, 5pt'를 클릭하고, [색]-'하늘색 80% 밝게', 투명도(85%), 크기(25pt)를 입력합니다.

❻ [입력] 탭-[도형]-[자세히]-'직사각형'을 클릭하고 슬라이드에 맞게 드래그합니다.

❼ 도형을 클릭한 다음 [마우스 오른쪽 단추]-[개체 속성]을 클릭합니다.

❽ [개체 속성] 작업 창에서 [그리기 속성]-[채우기]-[그러데이션], [종류]-'방사형', [방향]-'방사형-가운데에서'를 클릭합니다.

❾ [중지점]은 두 개만 남기고 나머지는 밖으로 드래그해서 삭제합니다.
  첫 번째 중지점 : 색(검정), 위치(15%), 투명도(100%)
  두 번째 중지점 : 색(검정), 위치(65%), 투명도(0%)

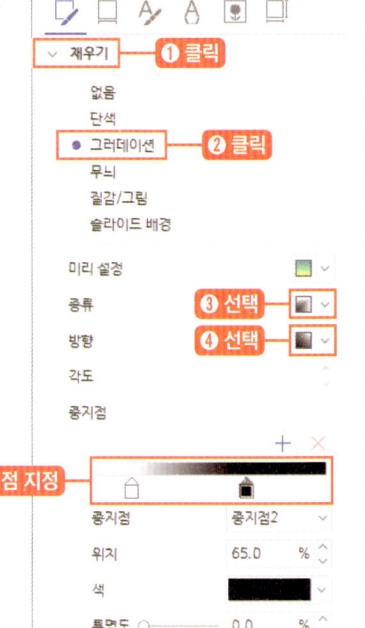

⑩ 도형을 선택하고 [마우스 오른쪽 단추]-[순서]-[맨 뒤로]를 클릭합니다.

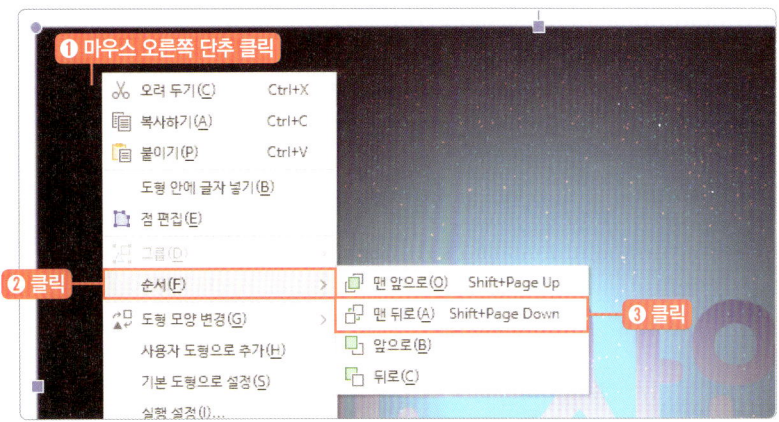

⑪ [파일]-[다른 이름으로 저장하기]를 선택하여 본인의 폴더를 선택한 후, 파일 이름을 '네온사인'을 입력합니다. 이어서, <저장> 단추를 클릭합니다.

CHAPTER 11

■ 불러올 파일 : 없음   ■ 완성된 파일 : 11_연습하기(완성).show

1 다음과 같이 네온사인 디자인을 완성합니다.

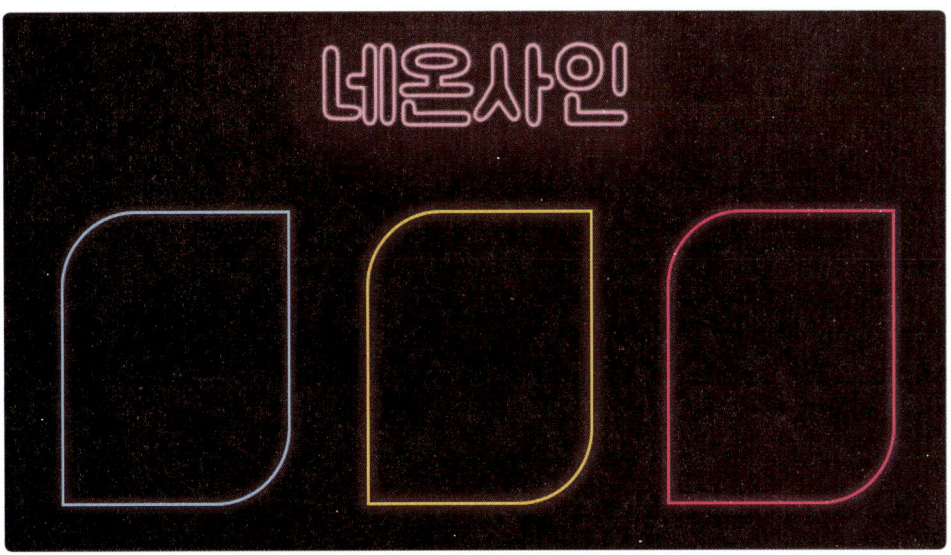

CHAPTER 12 디자인 차트 만들기

학습목표
- 차트 요소 설정을 지정할 수 있습니다.
- 도형으로 차트를 디자인할 수 있습니다.

📁 불러올 파일 : 차트.show   📁 완성된 파일 : 차트(완성).show

 **완성작품 미리보기**

{ 오늘 배울 기능 }
차트 요소 설정하기, 도형으로 차트 디자인하기

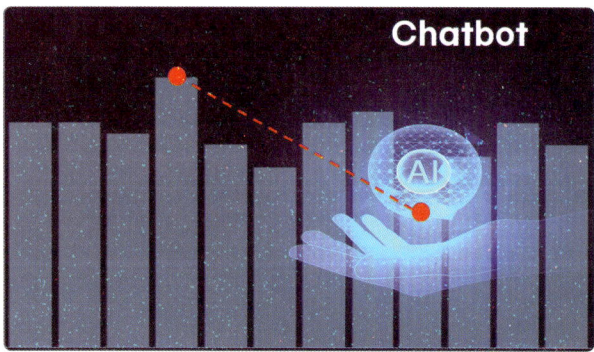

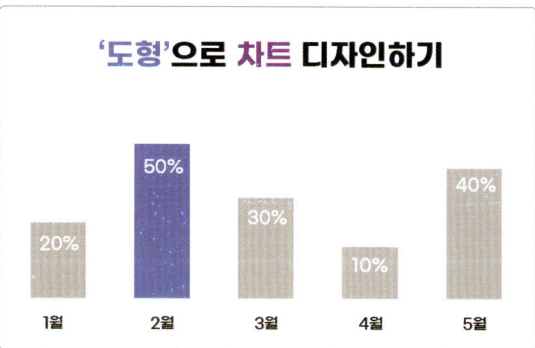

📖 **스토리 소개**

차트는 데이터를 시각적으로 표현하는 방법 중 하나로 다양한 형태와 목적으로 사용됩니다. 데이터를 이해하고 분석하는 데 있어 중요한 도구입니다. 차트 기능이 아닌 도형으로 차트를 다양하게 디자인해 봅니다.

1 차트에 이미지를 넣어 디자인하기

❶ '차트.show' 파일을 불러온 다음 차트의 데이터 계열을 선택한 상태에서 마우스 오른쪽 단추를 눌러 [데이터 계열 속성]을 클릭합니다.

❷ [개체 속성] 작업 창에서 [계열 속성]-[간격 너비]를 '15%'로 조정합니다.

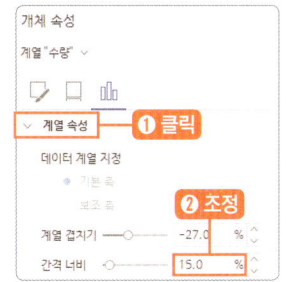

❸ 차트를 클릭하고 [차트 디자인] 탭-[차트 구성 추가]에서 불필요한 차트 요소를 삭제합니다.(축, 차트 제목, 눈금선, 범례를 모두 삭제합니다.)

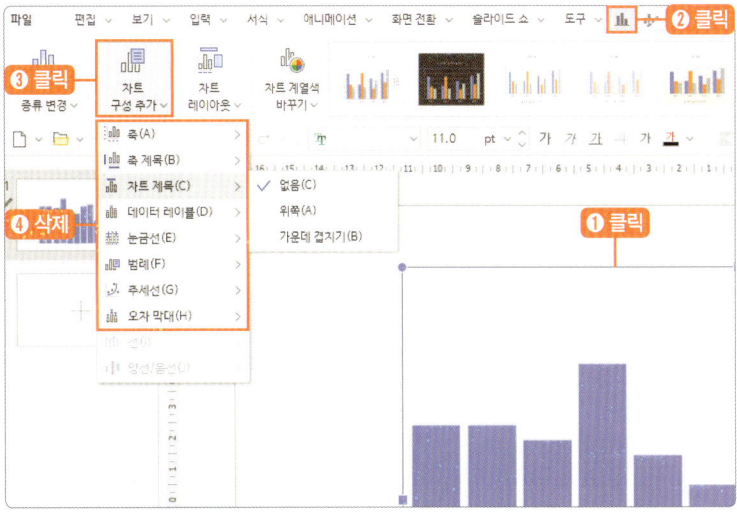

❹ 차트를 선택한 다음 [편집] 탭-[복사하기]를 클릭합니다.
※ 단축키 Ctrl + D 키를 사용해서 복사할 수도 있습니다.

❺ [새 슬라이드]-'빈 화면'을 클릭해서 새 슬라이드를 추가합니다.

❻ Ctrl + Alt + V 키를 눌러 붙여넣기를 실행한 다음 [오피스 그리기 개체]를 선택하고 <확인> 단추를 클릭합니다.

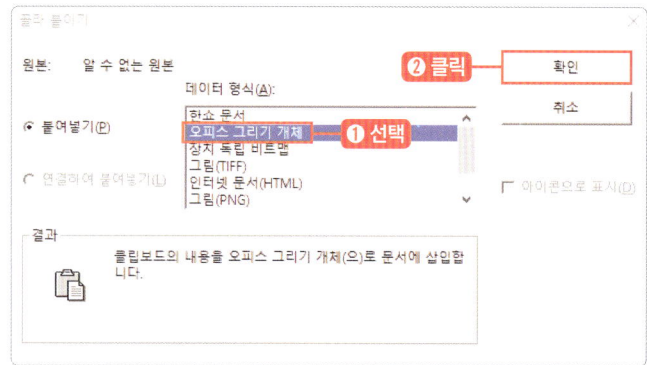

❼ 차트의 조절점을 드래그하여 크기를 슬라이드에 맞춰 조정합니다.

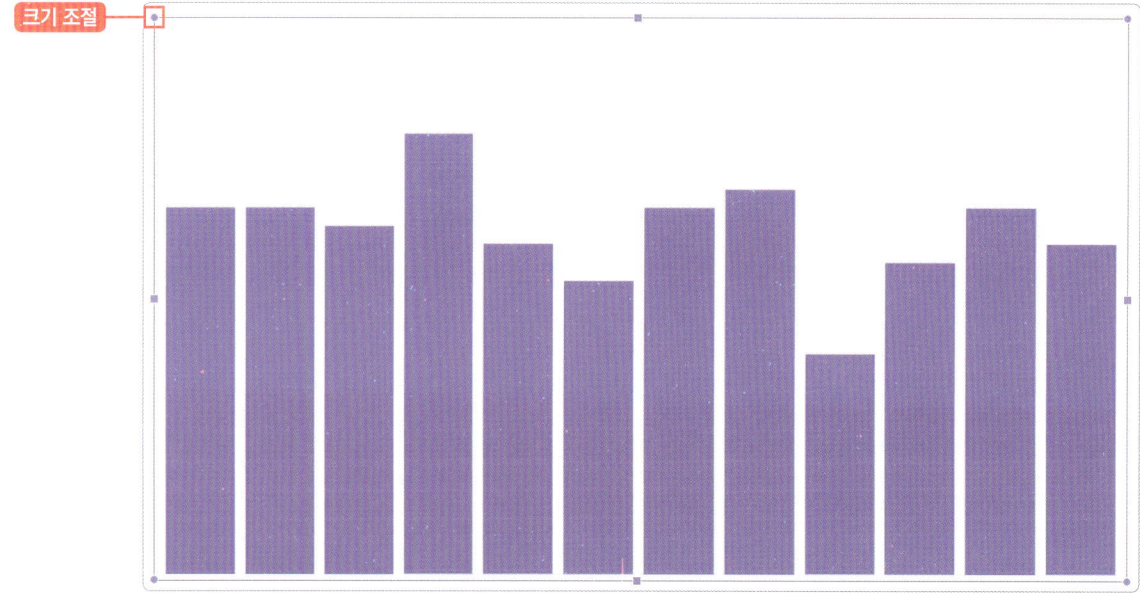

❽ 차트 영역을 클릭하고 [차트 서식] 탭-[도형 채우기]-'그림'을 클릭한 후, [CHAPTER 12]-'AI.jpg' 그림을 삽입합니다.

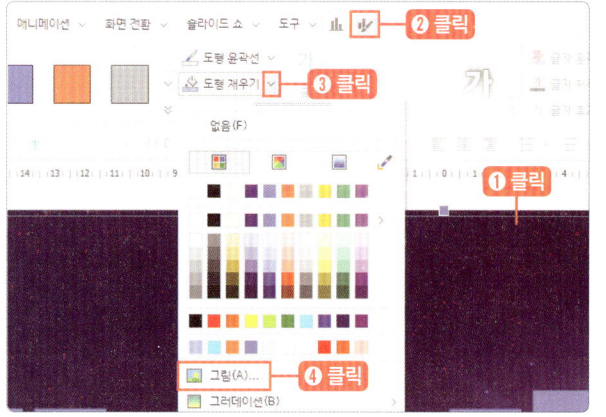
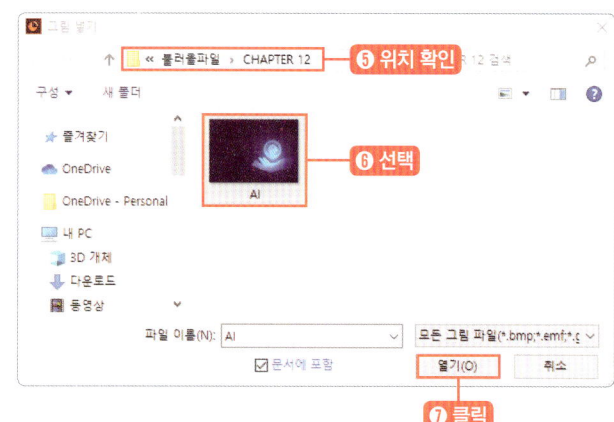

⑨ 데이터 계열을 마우스 오른쪽 단추로 누르고 [데이터 계열 속성]을 클릭합니다.

⑩ [개체 속성] 작업 창에서 [그리기 속성]-[채우기]-[색]-'시안'을 선택하고 투명도(50%)를 입력합니다.

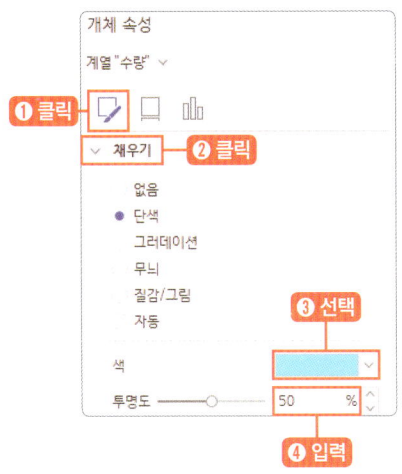

⑪ [입력] 탭-[도형]-[자세히]-'선'을 클릭해서 가장 높은 계열과 낮은 계열을 연결하고 '타원' 도형을 클릭해서 꾸며줍니다.

⑫ [가로 글상자]를 이용하여 'Chatbot'을 입력합니다.
　※ 글꼴(G마켓 산스 TTF Bold), 글자 색(하양), 글자 크기(48pt)

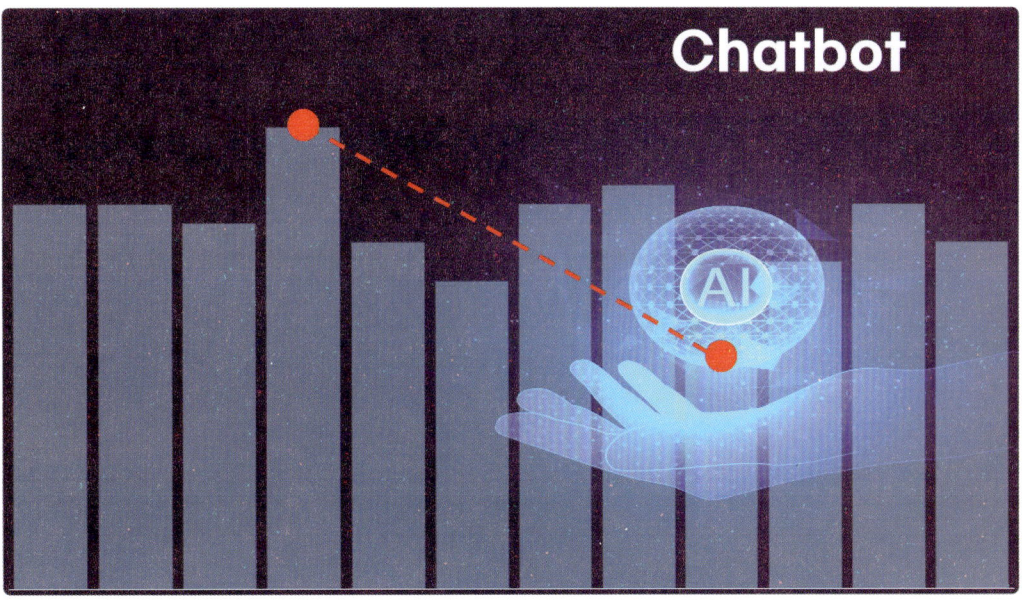

2 도형으로 차트 디자인하기

❶ [새 슬라이드]-'빈 화면'을 클릭한 다음 '가로 글상자'를 이용하여 '도형으로 차트 디자인하기'를 입력합니다.
   ※ 글꼴(G마켓 산스 TTF Bold), 글자 크기(48pt), 글자 색은 자유롭게 지정합니다.

❷ [입력] 탭-[도형]-[자세히]-'직사각형'을 선택한 후, 드래그해서 삽입해 줍니다.

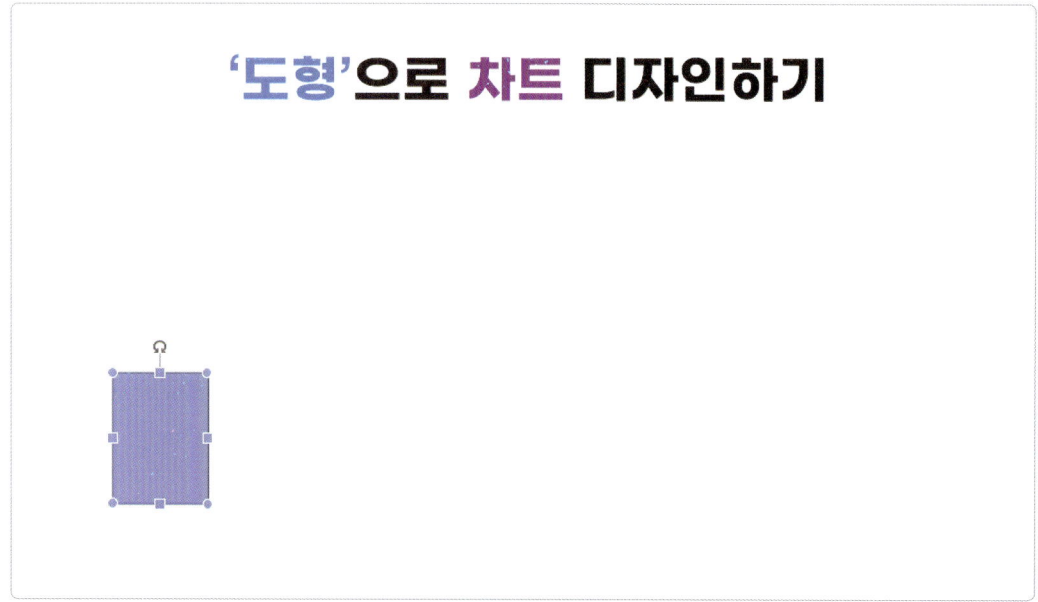

❸ 도형을 선택한 상태에서 [도형] 탭-[도형 채우기]-'강조 3 시멘트색', 도형 윤곽선(없음)을 클릭합니다.

❹ '직사각형'을 클릭하고 Ctrl + Shift 키를 누른 상태에서 오른쪽으로 드래그하여 4개를 더 복사합니다.

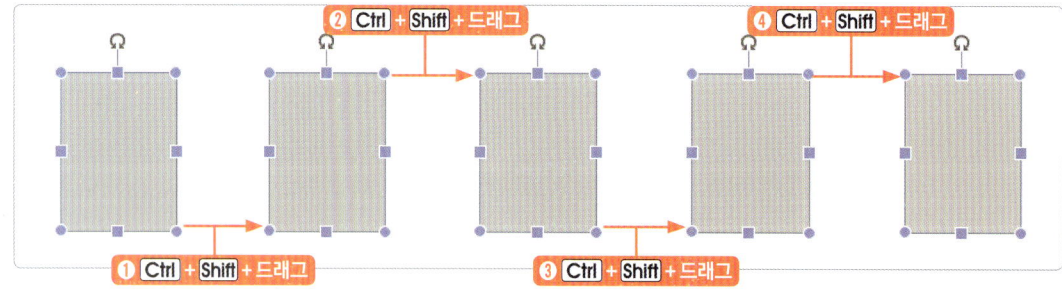

❺ [직사각형]을 모두 드래그해서 전체 선택한 다음 [도형] 탭-[맞춤]-'가로 간격을 동일하게'를 선택합니다.

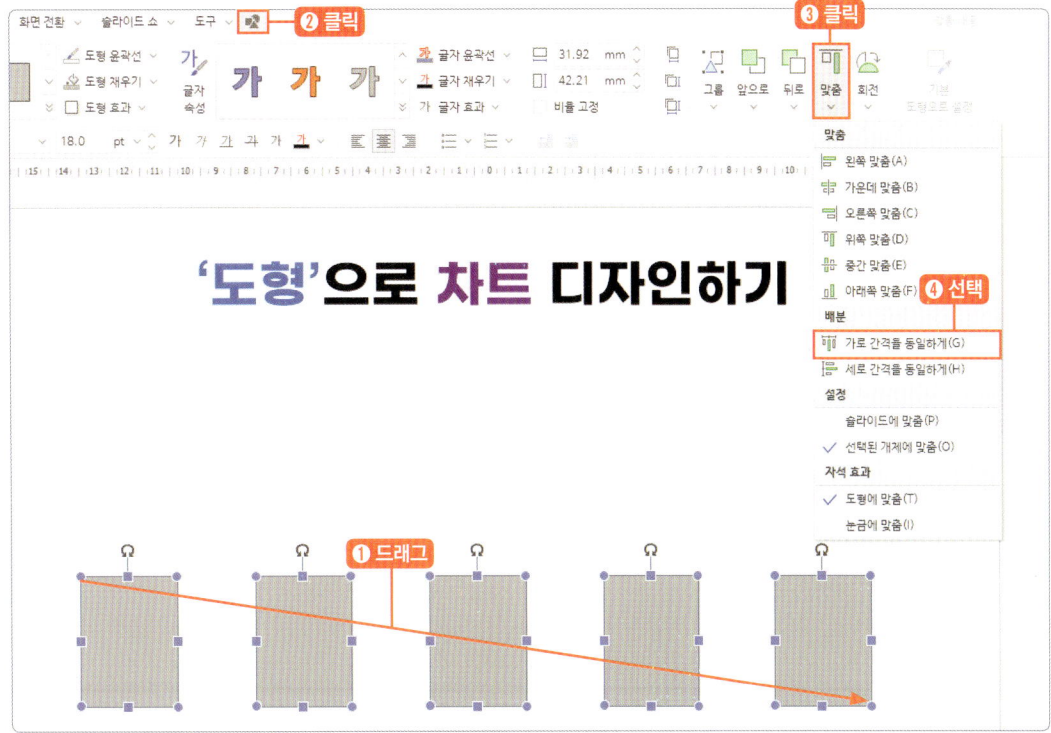

❻ 각 도형을 원하는 크기로 드래그하여 조정합니다.

❼ '직사각형' 도형 아래에 '가로 글상자'를 이용하여 '1월'을 입력합니다.
※ 글꼴(G마켓 산스 TTF Medium), 글자 크기(24pt)

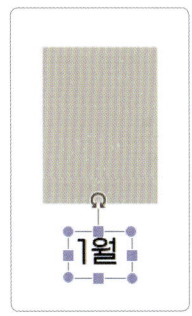

CHAPTER 12_ 디자인 차트 만들기 • **089**

❽ '1월'을 클릭하고 Ctrl + Shift 키를 누른 상태에서 오른쪽으로 드래그하여 각 도형 아래에 복사하고 '2월', '3월', '4월' '5월'로 변경합니다.

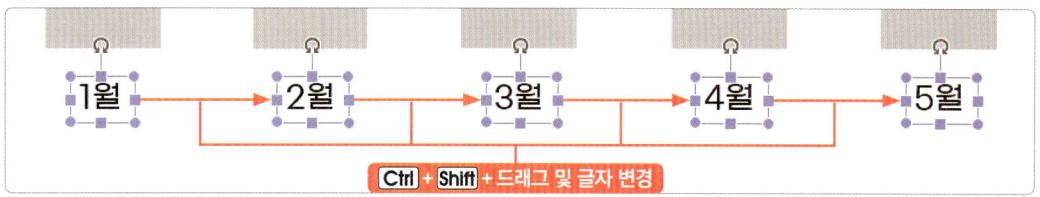

❾ 강조하고 싶은 도형의 색상을 포인트색으로 변경하고 각 도형에 데이터 수치를 입력합니다.

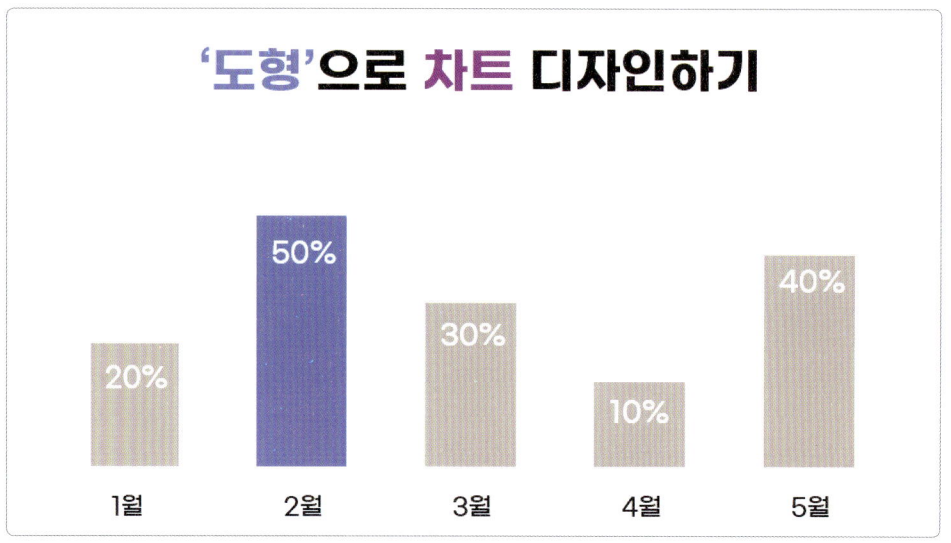

❿ [파일]-[다른 이름으로 저장하기]를 선택하여 본인의 폴더를 선택한 후, 파일 이름을 '차트'를 입력합니다. 이어서, <저장> 단추를 클릭합니다.

CHAPTER 12

■ 불러올 파일 : 없음　■ 완성된 파일 : 12_연습하기(완성).show

 '도넛', '막힌 원호' 도형을 이용하여 아래와 같은 그래프를 디자인합니다.

- **제목 글꼴** : G마켓 산스 TTF Medium / 32pt
- **타이틀 직사각형 도형 색상** : 검은 군청
- **수치** : 배달의 민족 주아 / 40pt
- **막힌 원호** : 색상-보라

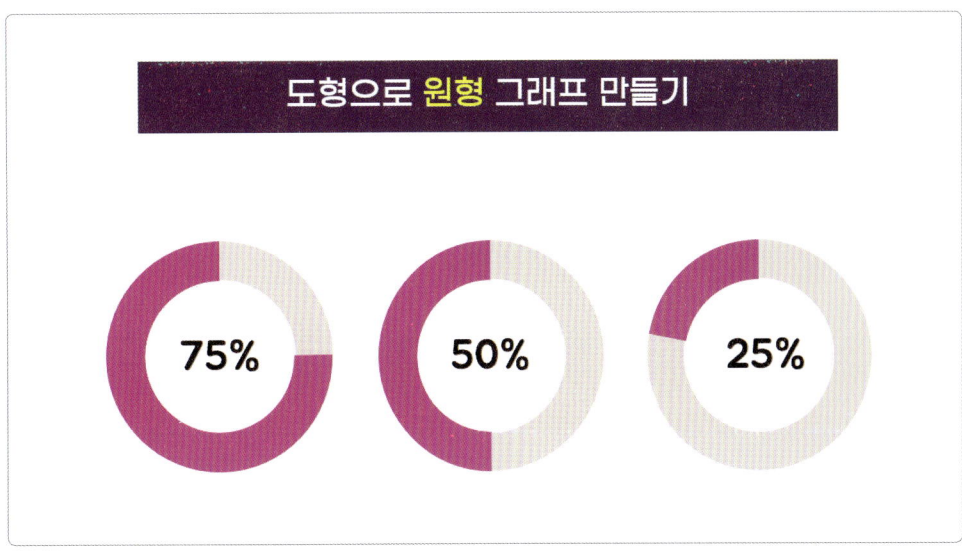

중간평가

■ 불러올 파일 : 없음   ■ 완성된 파일 : 중간평가 01(완성).show

1 도형으로 텍스트 디자인하기

[순서]

1. 텍스트 입력(G마켓 산스 TTF Bold, 138pt)
2. 직각 삼각형 그리고 복사하기
3. 직각 삼각형의 색을 배경 색과 동일하게 변경하고 윤곽선 지우기
4. 선 그리기, 선 색상, 선 굵기 변경하기

■ 불러올 파일 : 없음   ■ 완성된 파일 : 중간평가02(완성).show

 도형으로 그래프 디자인하기

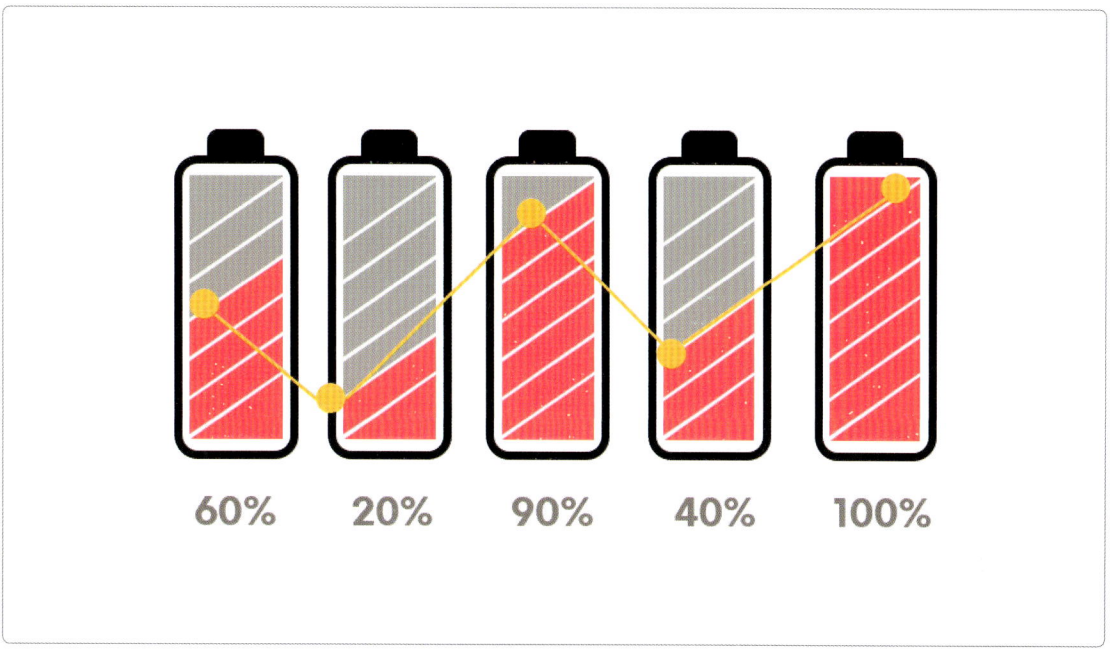

CHAPTER 13
도형 점 편집으로 디자인하기

학습목표
- 삽입된 도형을 다른 도형으로 변경할 수 있습니다.
- 점 편집을 이용하여 다른 도형으로 변경할 수 있습니다.
- 점을 추가하거나 삭제할 수 있습니다.

■ 불러올 파일 : 점 편집.show   ■ 완성된 파일 : 점 편집(완성).show

완성작품 미리보기

오늘 배울 기능

도형 삽입하기, 도형 변경하기, 점 편집하기

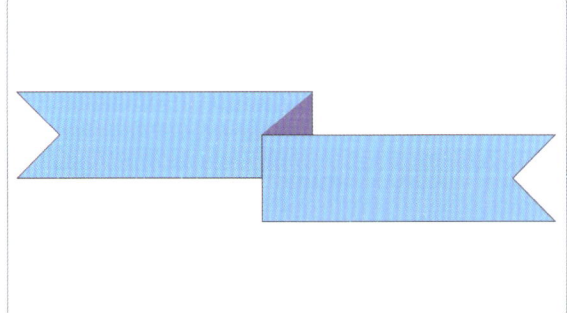

스토리 소개

한쇼 점 편집 기능은 다양한 형태로 디자인을 할 수 있는 기능입니다. 점 편집을 이용하여 다양한 도형으로 변경하고 새로운 디자인을 만들어 봅니다.

도형 모양 변경과 점 삭제로 도형 변경하기

❶ '점 편집.show' 파일을 불러옵니다.

❷ 첫 번째 도형을 클릭하고 [도형] 탭–[도형 편집]–[도형 모양 변경]–[블록 화살표]–'갈매기형 수장'을 선택합니다.

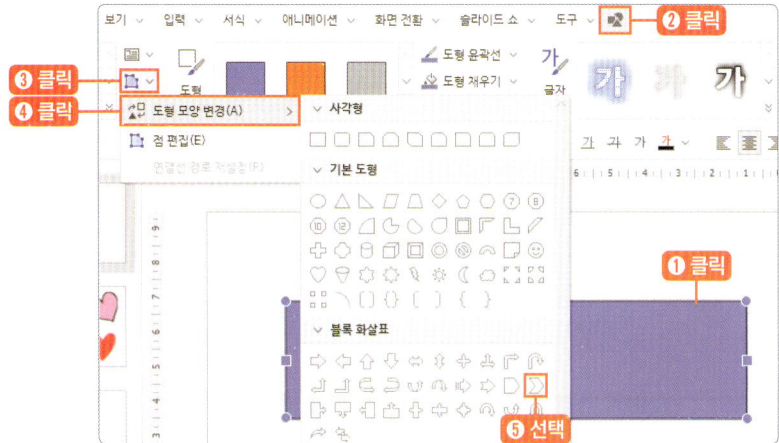

❸ '갈매기형 수장' 도형을 클릭하고 [도형] 탭–[도형 편집]–'점 편집'을 클릭합니다.

❹ 오른쪽 꼭짓점에서 마우스 오른쪽 단추를 눌러 [점 지우기]를 클릭합니다.

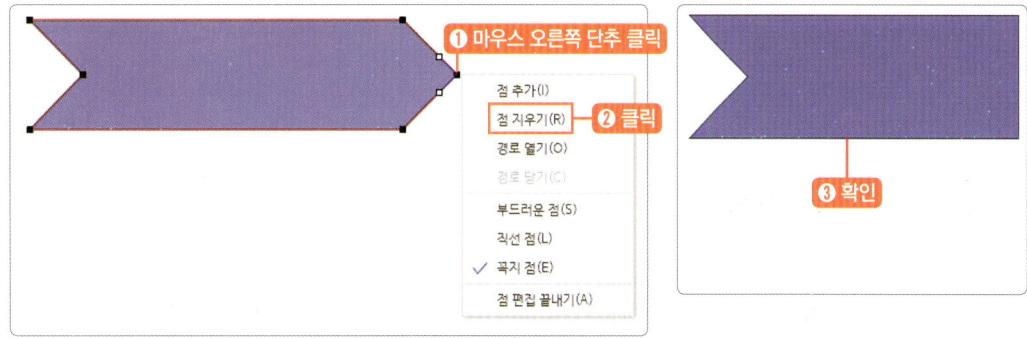

❺ [도형] 탭-[도형 채우기]-'시안'을 클릭한 다음 Ctrl + Shift 키를 누른 상태에서 아래로 드래그하여 복사합니다.

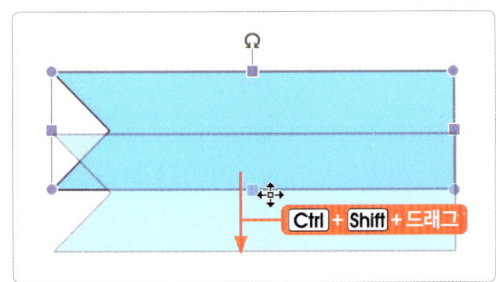

❻ [도형] 탭-[회전]-'좌우 대칭'을 클릭합니다.

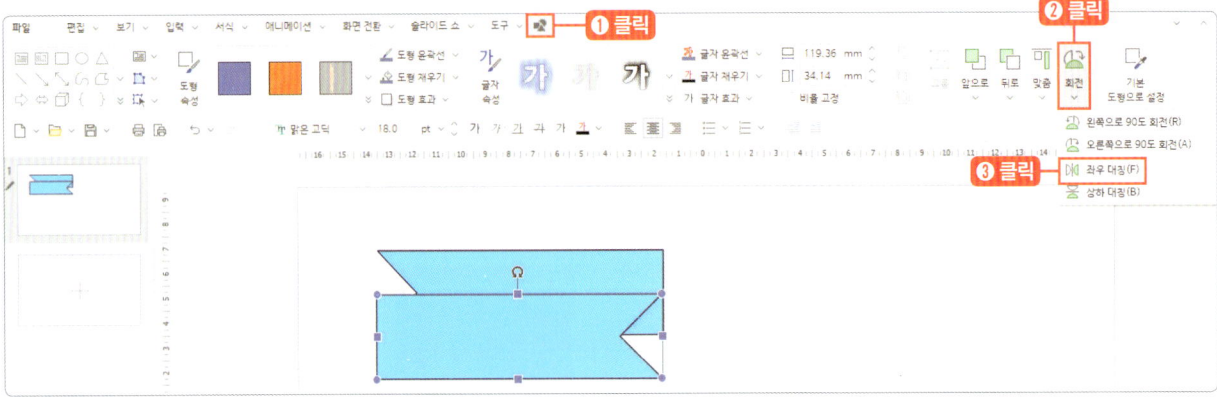

❼ [입력] 탭-[도형]-[자세히]-'직각 삼각형'을 클릭하고 오른쪽 상단 모서리에 드래그합니다.

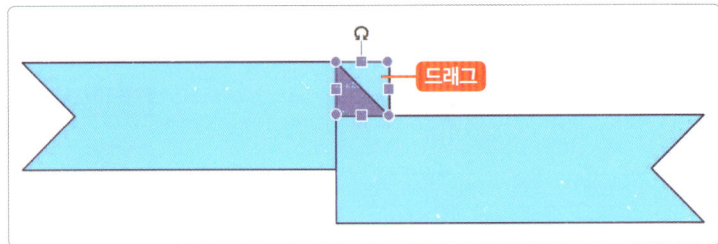

❽ [도형] 탭-[도형 윤곽선]-'없음', [회전]-'좌우 대칭'을 클릭하여 완성합니다.

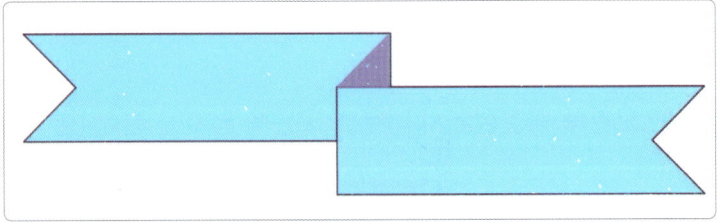

2 도형을 삽입한 후, 빠른 스타일 적용하기

❶ [입력] 탭-[도형]-[자세히]-'하트'를 클릭한 다음 드래그해서 하트를 그려줍니다.

❷ 하트 도형을 선택하고 마우스 오른쪽 단추를 눌러 [개체 속성]을 클릭한 후, [개체 속성] 작업 창-[채우기]-[투명도]를 '35%'로 변경합니다.

❸ [도형] 탭-[도형 편집]-'점 편집'을 클릭합니다.

❹ [검정색 포인트]를 마우스로 드래그하여 배경 그림의 하트 가운데 점과 아래점에 맞춰줍니다.

❺ [검정색 포인트]를 클릭하면 생기는 [흰색 포인트]를 마우스로 드래그하여 하트 모양을 배경 그림과 비슷하게 변형시켜 줍니다.

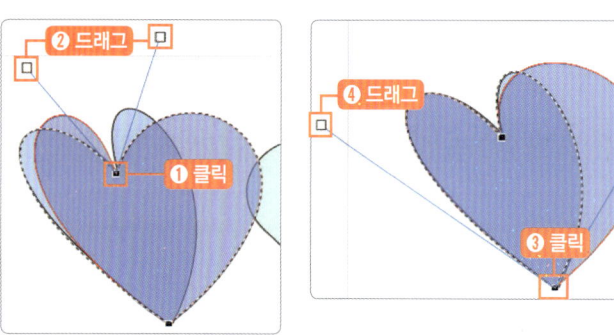

❻ [도형] 탭-[도형 채우기]-'색 골라내기'를 클릭하여 하트 색상을 변경하고 [도형 윤곽선]-'검정'을 클릭합니다.

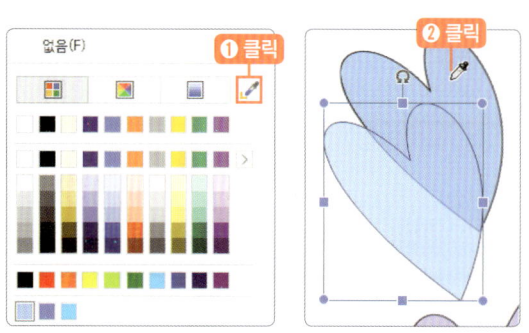

❼ '하트'를 드래그한 다음 [개체 속성]을 클릭하고 [개체 속성] 작업 창-[채우기]-[투명도]를 '35%'로 변경합니다.

❽ [점 편집]을 실행한 다음 [검정색 포인트]를 마우스로 드래그하여 상단 하트 가운데 점을 맞춰줍니다.

❾ 하단의 [검정색 포인트]를 클릭한 다음 마우스 오른쪽 단추를 눌러 [부드러운 점]을 클릭합니다.

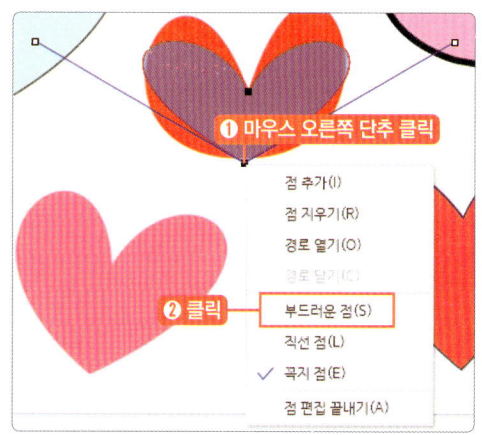

❿ [흰색 포인트]를 마우스로 드래그하여 하트 모양을 그림과 비슷하게 변형시켜 줍니다.

⓫ [도형] 탭-[도형 채우기]-'색 골라내기'를 클릭하여 하트 색상을 변경하고 [도형 윤곽선]-'없음'을 클릭합니다.

⓬ '하트'를 드래그한 다음 마우스 오른쪽 단추를 눌러 [개체 속성]을 클릭하고 [개체 속성] 작업 창-[채우기]-[투명도]를 '35%'로 변경합니다.

⑬ [점 편집]을 클릭하고 [검정색 포인트]를 마우스로 드래그하여 하트 가운데 점과 아래점에 맞춰줍니다.

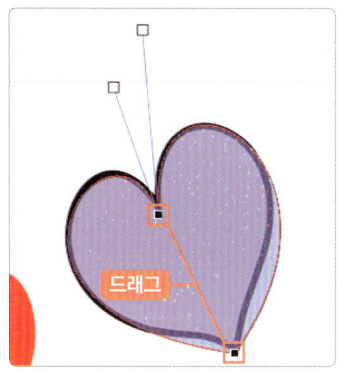

⑭ [흰색 포인트]를 마우스로 드래그하여 하트 모양을 그림과 비슷하게 변형시켜 줍니다.

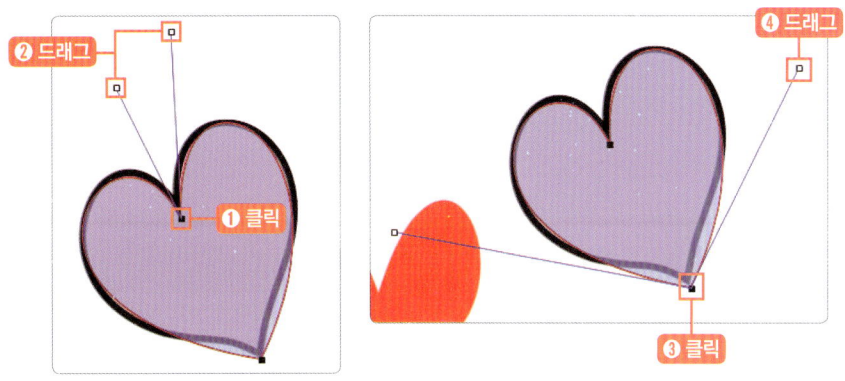

⑮ [도형] 탭-[도형 채우기]-'색 골라내기'를 클릭하여 하트 색상을 변경한 다음 [도형 윤곽선]-'검정', [선 굵기]-'6pt'를 클릭합니다.

⑯ 하트를 모두 그리고 나면 배경 그림을 선택하고 Delete 키로 삭제해 줍니다.

3 경로 열기로 도형 편집하기

❶ [입력] 탭-[도형]-[자세히]-'타원'을 클릭한 다음 Shift 키를 누른 상태에서 드래그하여 정원을 그려줍니다.

❷ 도형을 클릭한 상태에서 [도형] 탭-[도형 편집]-'점 편집'을 클릭합니다.

❸ 상단의 [검정색 포인트]를 클릭한 다음 마우스 오른쪽 단추를 눌러 [경로 열기]를 클릭합니다.

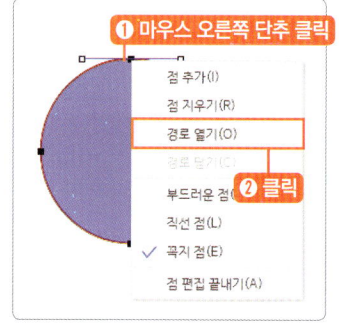

❹ 마우스 오른쪽 단추를 눌러 [점 지우기]를 클릭하여 반원을 만들어 줍니다.

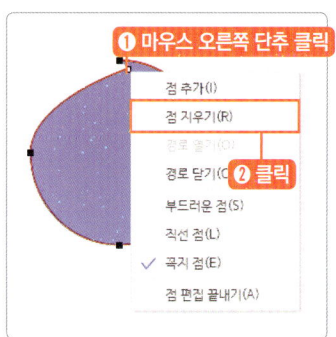 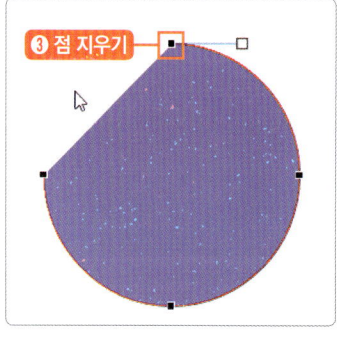 

❺ [도형] 탭-[도형 채우기]-'없음', [도형 윤곽선]-'시안', [선 굵기]-'6pt'를 클릭합니다.

❻ Ctrl + Shift 키를 누른채 드래그하여 오른쪽으로 복사한 다음 [도형] 탭-[회전]-'상하 대칭'을 클릭해서 물결을 만들어 줍니다.

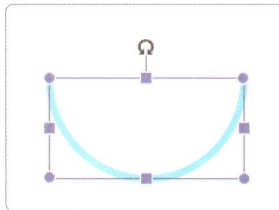 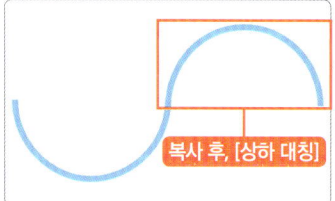 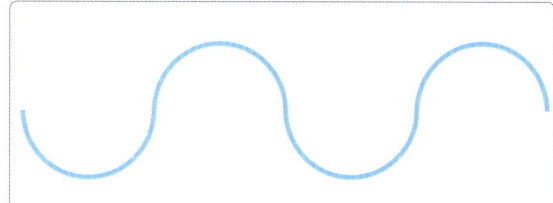

CHAPTER 13

■ 불러올 파일 : 없음   ■ 완성된 파일 : 13_연습하기(완성).show

1 점 편집을 이용하여 [기본 도형]-'도넛'을 위치 표시 아이콘으로 변경해 봅니다.

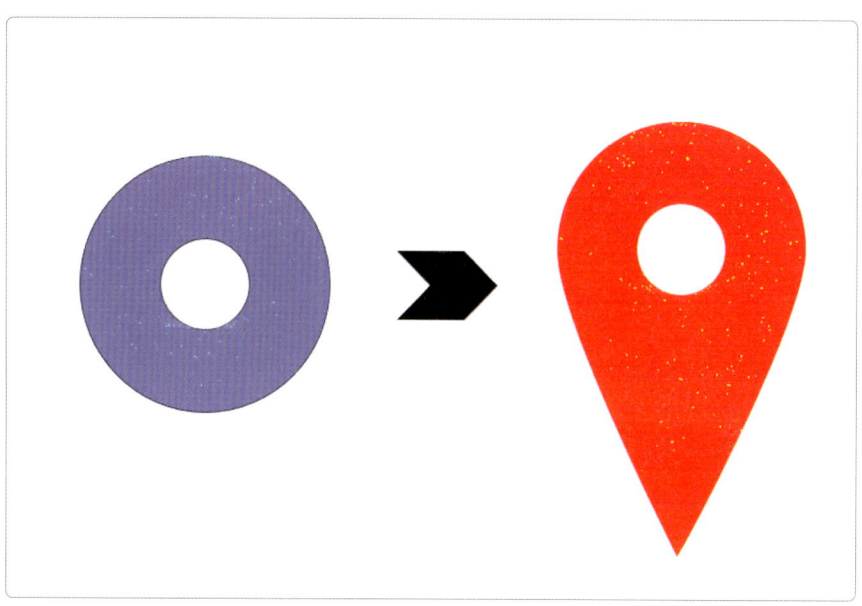

CHAPTER 14 인포그래픽

학습목표
- 인포그래픽 도형을 디자인할 수 있습니다.
- 인포그래픽 배너를 디자인할 수 있습니다.

■ 불러올 파일 : 없음   ■ 완성된 파일 : 인포그래픽(완성).show

완성작품 미리보기

{ 오늘 배울 기능 }
도형으로 인포그래픽 만들기

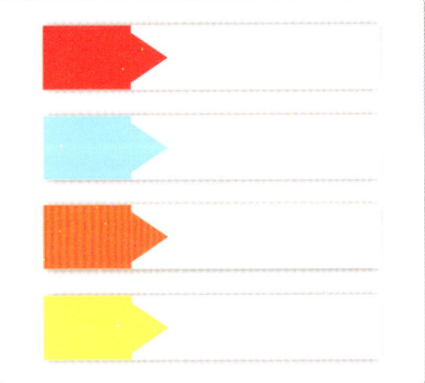

스토리 소개

인포그래픽(infographic)은 정보를 시각화하는 것을 의미합니다. 한쇼 도형을 활용하여 돋보이는 인포그래픽을 만들 수 있습니다.

1 인포그래픽 도형 만들기

❶ [입력] 탭-[도형]-[자세히]-'대각선 줄무늬'를 클릭한 다음 **Shift** 키를 누른 상태에서 드래그하여 삽입합니다.

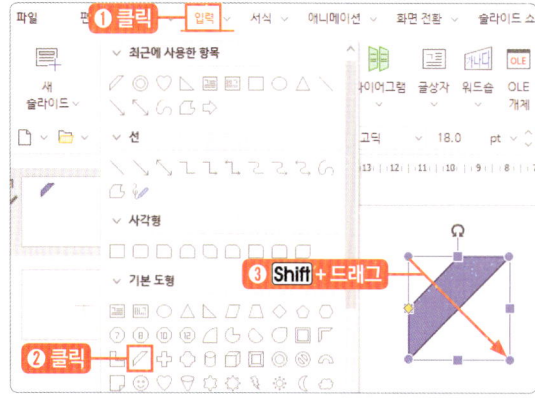

❷ 도형을 선택하고 **Ctrl** 키를 누른 상태에서 드래그하여 대각선 줄무늬를 복사해 줍니다.

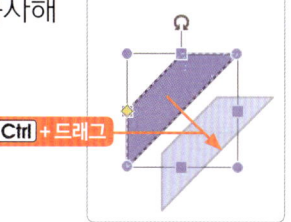

❸ 복사한 도형을 클릭한 다음 [도형] 탭-[회전]-'오른쪽으로 90도 회전'을 클릭합니다. 이어서, 위치를 조정합니다.

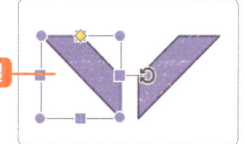

❹ 같은 방법으로 두 번 더 복사해서 모양을 만들어 줍니다.

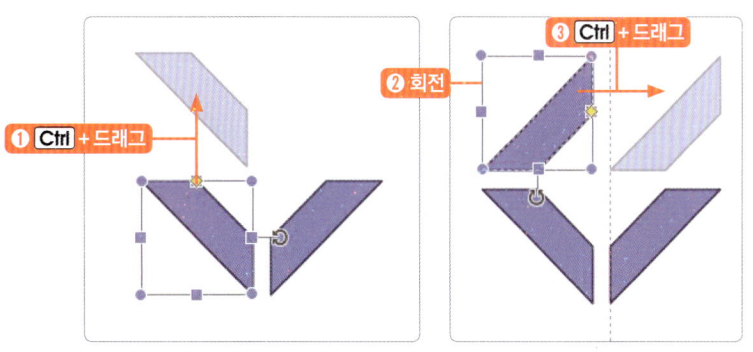
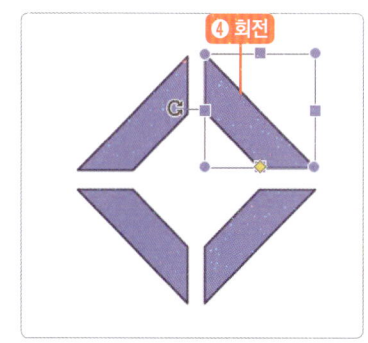

❺ [도형] 탭-[도형 채우기]를 클릭해서 다음과 같이 색상을 변경한 다음 [도형 윤곽선]-'없음'을 클릭합니다.

2 인포그래픽 배너 만들기

❶ [입력] 탭-[도형]-[자세히]-'직사각형'을 클릭하여 삽입합니다.

❷ Ctrl + D 키를 눌러 도형을 복사합니다.

❸ 뒤의 사각형은 '하양 50% 어둡게', 앞의 사각형은 '하양'으로 채우기 색상을 변경하고, 검정색 직사각형의 크기를 조금 더 키워줍니다.

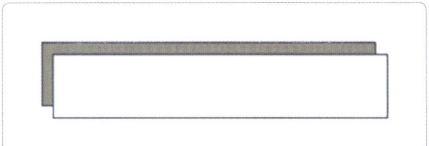 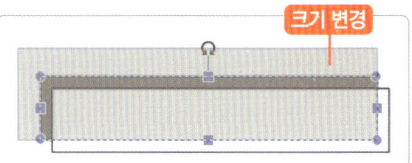

❹ 검정색 직사각형은 [도형] 탭-[도형 효과]-[옅은 테두리]-'10pt', 흰색 직사각형은 [도형] 탭-[도형 윤곽선]-'없음'으로 설정하고 두 도형을 서로 겹쳐 줍니다.

❺ [입력] 탭-[도형]-[자세히]-'직사각형'을 클릭하여 사각형 왼쪽 위에 그려줍니다.

❻ [입력] 탭-[도형]-[자세히]-'이등변 삼각형'을 클릭하여 사각형 위에 그려줍니다. 이어서, [회전]-'오른쪽으로 90도 회전'을 클릭합니다.

❼ Ctrl 키를 누른 상태에서 사각형과 이등변 삼각형을 클릭하고 [도형] 탭-[그룹]-'개체 묶기'를 클릭합니다.

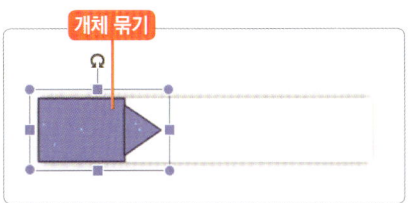

❽ [도형] 탭-[도형 채우기]-'빨강', [도형 윤곽선]-'없음'을 클릭합니다.

❾ 도형 전체를 드래그한 상태에서 Ctrl + Shift 키를 누르고 아래로 복사합니다.

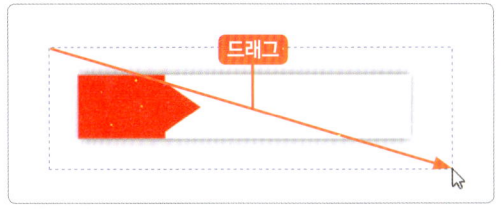

❿ [도형] 탭-[도형 채우기]-'시안'으로 색상을 변경해 줍니다.

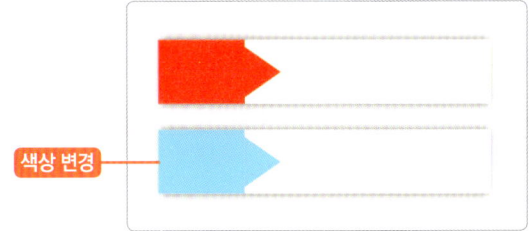

⓫ 같은 방법으로 두 개 더 복사한 다음 색상을 '주황', '노랑'으로 변경하여 완성합니다.

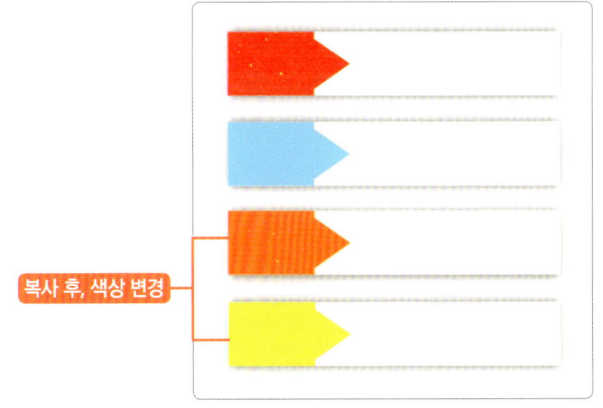

⓬ [파일]-[다른 이름으로 저장하기]를 선택하여 본인의 폴더를 선택한 후, 파일 이름을 '인포그래픽'을 입력합니다. 이어서, <저장> 단추를 클릭합니다.

■ 불러올 파일 : 없음   ■ 완성된 파일 : 14_연습하기(완성).show

1 [도형]-[자세히]-'대각선 방향의 모서리가 둥근 사각형'을 이용하여 인포그래픽 도형을 만들어 봅니다.

2 [도형]-[자세히]-'대각선 방향의 모서리가 둥근 사각형'과 '직사각형'을 이용하여 인포그래픽 배너를 만들어 봅니다.

3 [도형]-[자세히]-'오각형'과 '모서리가 둥근 직사각형', '직사각형'을 이용하여 인포그래픽 배너를 만들어 봅니다.

MEMO

CHAPTER 15 인공지능 챗봇으로 생각을 디지털화하기

학습목표
- 인공지능 챗봇에게 질문하고 내용을 정리할 수 있습니다.
- 메모장으로 문서의 초안을 작성할 수 있습니다.
- 디자인을 변경하여 문서를 꾸밀 수 있습니다.

■ 불러올 파일 : 없음 ■ 완성된 파일 : 텍스트 변환(완성).show

완성작품 미리보기

오늘 배울 기능
챗봇 사용하기, 문서 꾸미기

AI의 장점
- 자동화 : AI는 인간의 노동을 대체하여 생산성을 향상시킬 수 있습니다.
- 효율성 : AI는 인간보다 더 빠르고 정확하게 작업을 수행할 수 있습니다.
- 개인화 : AI는 개인의 특성을 고려하여 맞춤형 서비스를 제공할 수 있습니다.
- 창의성 : AI는 새로운 아이디어와 제품을 개발하는 데 도움이 될 수 있습니다.
- 복 지 : AI는 의료, 교육, 재난 관리 등 다양한 분야에서 복지 증진에 기여할 수 있습니다.

AI의 단점
- 실업 : AI는 인간의 노동을 대체하여 실업을 초래할 수 있습니다.
- 편향 : AI는 편향된 데이터로 학습하여 편향된 결과를 생성할 수 있습니다.
- 악용 : AI는 악의적인 목적으로 사용될 수 있습니다.
- 윤리적 문제 : AI의 개발과 사용은 윤리적 문제를 야기할 수 있습니다.

스토리 소개

인공지능 챗봇이란 대화형 인공지능의 한 종류로 음성이나 문자를 통해 인간과 자연스러운 대화를 나누는 컴퓨터 프로그램입니다. 구글 'Gemini'를 활용하여 문서를 작성해 봅니다.

인공지능 챗봇에게 질문하기

① 구글에서 '제미니'를 검색한 후, 클릭하여 이동합니다.

② 구글 제미니(https://gemini.google.com/app) 입력 창에서 '인공지능 기술의 발전에 따른 장점과 단점을 설명해줘'라고 입력합니다.

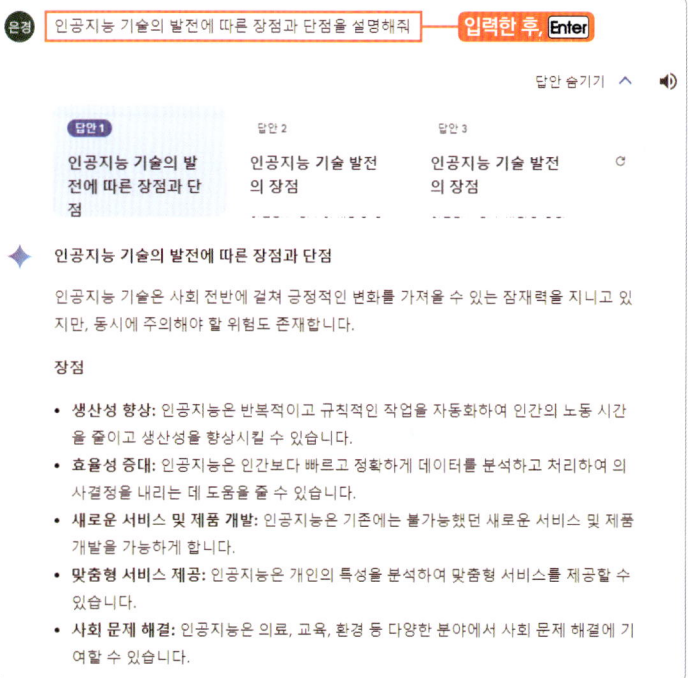

③ 질문에 대한 여러 개의 답변 중에 원하는 답안을 선택한 다음 드래그해서 Ctrl + C 키를 눌러 복사합니다.

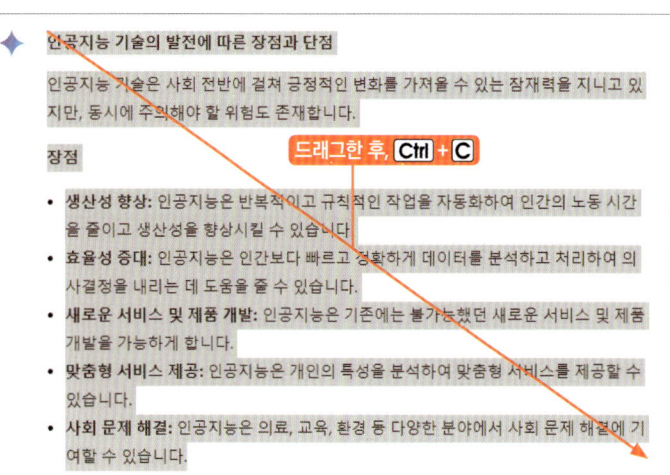

CHAPTER 15_ 인공지능 챗봇으로 생각을 디지털화하기 • 109

❹ [작업 표시줄]-[검색 창]에서 '메모장()'을 입력한 후, 프로그램을 실행합니다.

❺ 메모장이 열리면 Ctrl + V 키를 눌러 내용을 붙여 넣어줍니다.

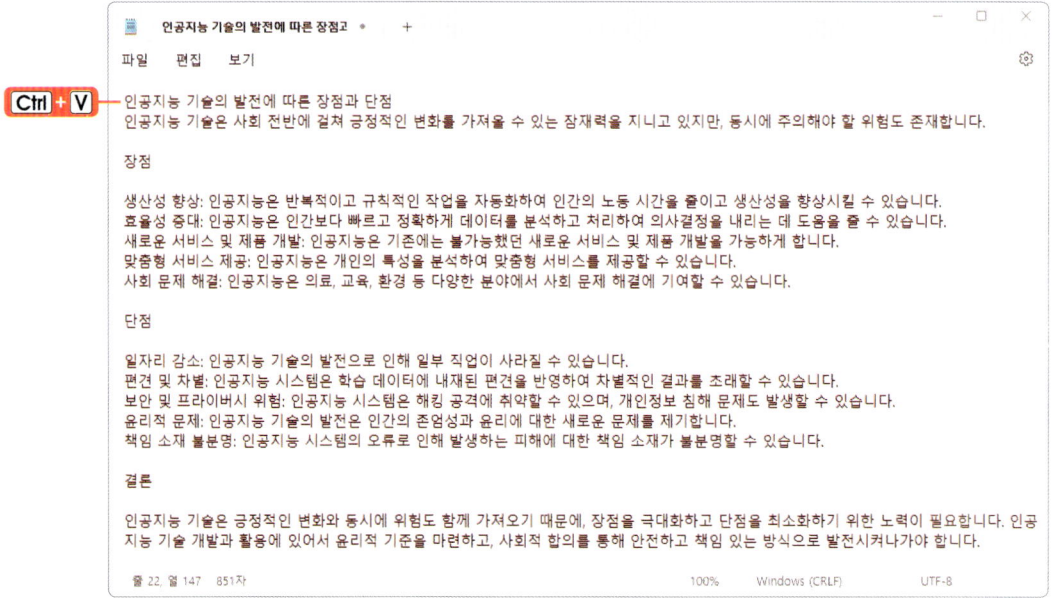

❻ [파일]-[저장]을 클릭한 다음 본인의 폴더를 선택한 후, 파일 이름을 'AI의 장점'으로 입력하고, <저장> 단추를 클릭합니다.

⑦ 한쇼를 실행하고 [레이아웃]–'제목 및 내용'을 선택한 다음 메모장에 저장한 내용을 복사하여 붙여 넣습니다.

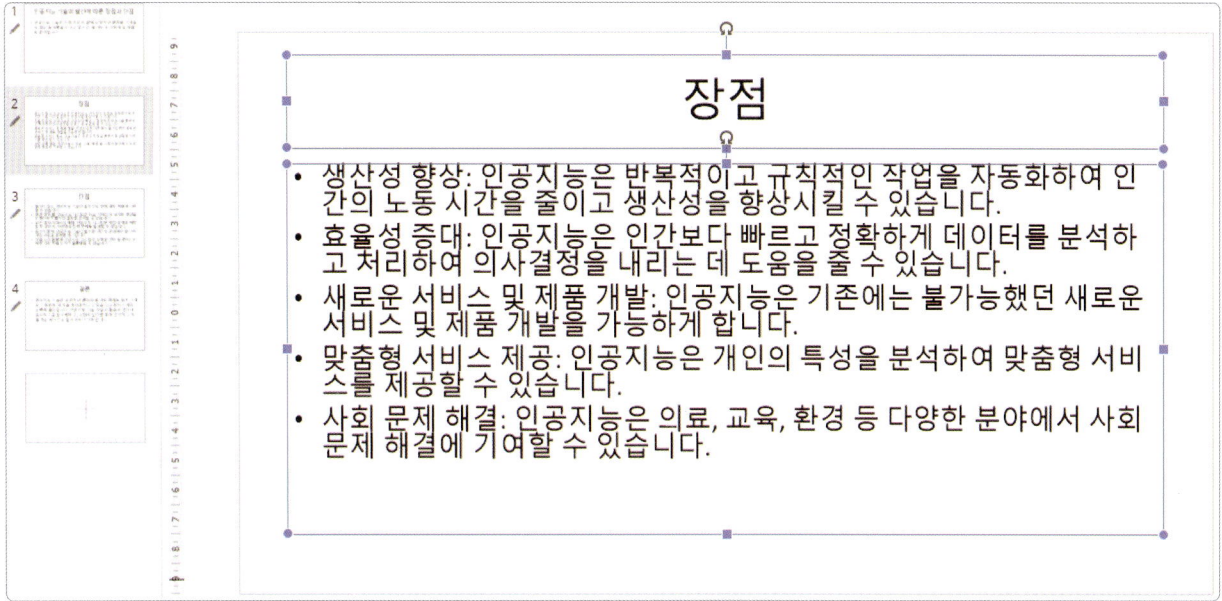

⑧ 제목 '장점'을 클릭한 다음 글꼴(G마켓 산스 TTF Bold), 글자 크기(72pt), '왼쪽 정렬'을 지정합니다.

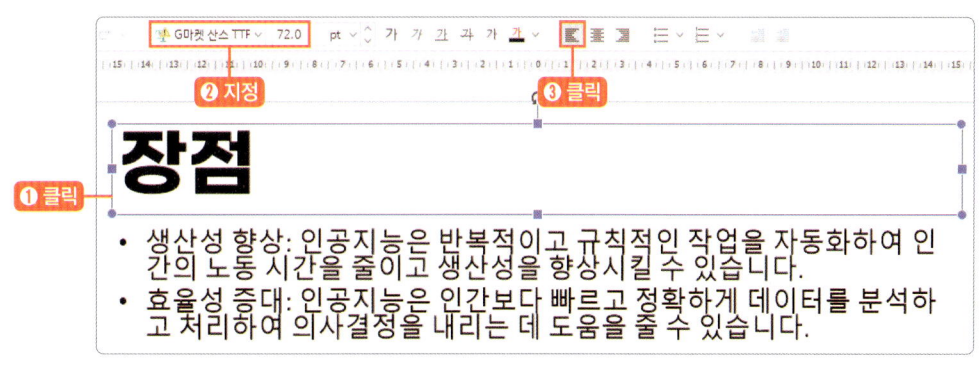

⑨ 제목 글상자 테두리를 클릭하고 [도형] 탭–[도형 채우기]–'시안'을 선택합니다.

⑩ 본문을 선택한 다음 [서식] 탭에서 글꼴(G마켓 산스 TTF Medium), 글자 크기(24pt)를 지정하고 '양쪽 정렬', [줄 간격]-'1.2'를 지정합니다.

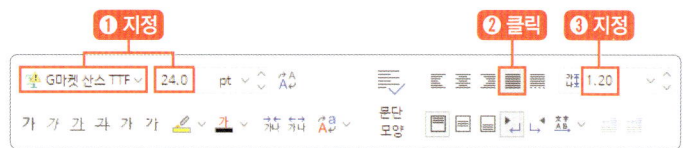

⑪ 두 번째 슬라이드의 제목 글상자를 클릭한 다음 [편집] 탭-[모양 복사]를 클릭한 후, 세 번째 슬라이드 제목 글상자를 클릭합니다.

⑫ 같은 방법으로 두 번째 슬라이드의 '본문'을 클릭한 다음 [모양 복사]를 클릭한 후, 세 번째 슬라이드의 본문을 클릭합니다.

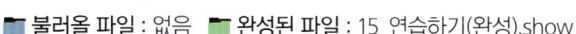

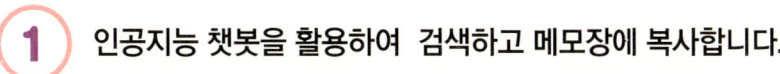

1 인공지능 챗봇을 활용하여 검색하고 메모장에 복사합니다.

2 메모장의 내용을 정리하고 한쇼에서 편집합니다.

예) 한쇼 디자인을 잘하기 위한 3가지 방법을 알려줘

※ 온라인 환경이 아니면 [불러올 파일]-[CHAPTER 15]-'한쇼 디자인 잘하기.txt' 파일을 열어서 편집합니다.

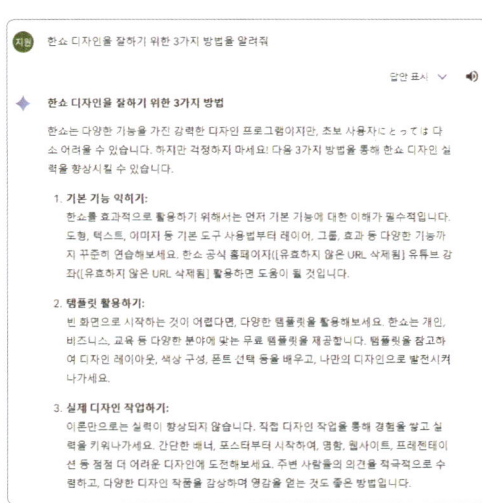
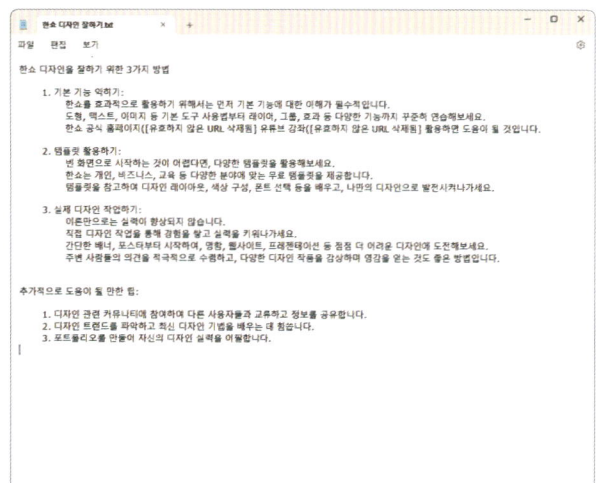

CHAPTER 16 슬라이드 마스터로 템플릿 만들기

학습목표
- 슬라이드 마스터에서 글꼴을 지정할 수 있습니다.
- 슬라이드 마스터에서 레이아웃을 변경할 수 있습니다.

📁 불러올 파일 : 없음   📁 완성된 파일 : 슬라이드 마스터(완성).show

{ 오늘 배울 기능 }

완성작품 미리보기

슬라이드 마스터에서 사용자 글꼴 지정하기, 슬라이드 마스터 레이아웃 변경하기

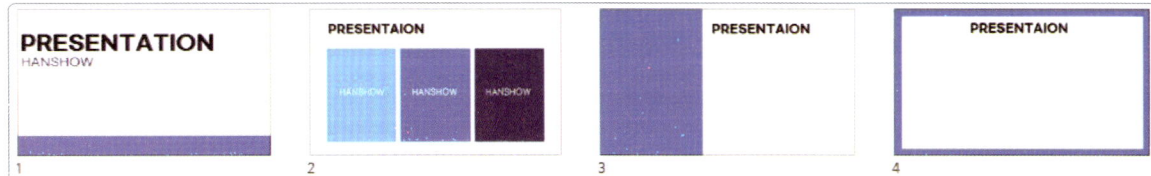

스토리 소개

슬라이드 마스터는 여러 슬라이드에 동일한 레이아웃 및 스타일을 적용할 수 있는 기능입니다. 슬라이드 마스터를 활용하여 템플릿을 만들어 봅니다.

슬라이드 마스터에서 글꼴 설정하기

❶ [보기] 탭-[슬라이드 마스터]를 클릭합니다.

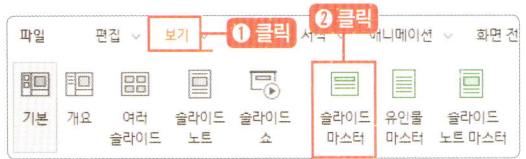

> **TIP**
> 슬라이드 마스터는 최상단의 [슬라이드 마스터]가 있고 [슬라이드 마스터]와 연결된 [레이아웃 마스터]로 구성되어 있습니다.
> [슬라이드 마스터]에서 작업하면 모든 [레이아웃 마스터]에 적용되므로 템플릿 레이아웃 및 스타일은 [레이아웃 마스터]에서 작업하는 것이 좋습니다.

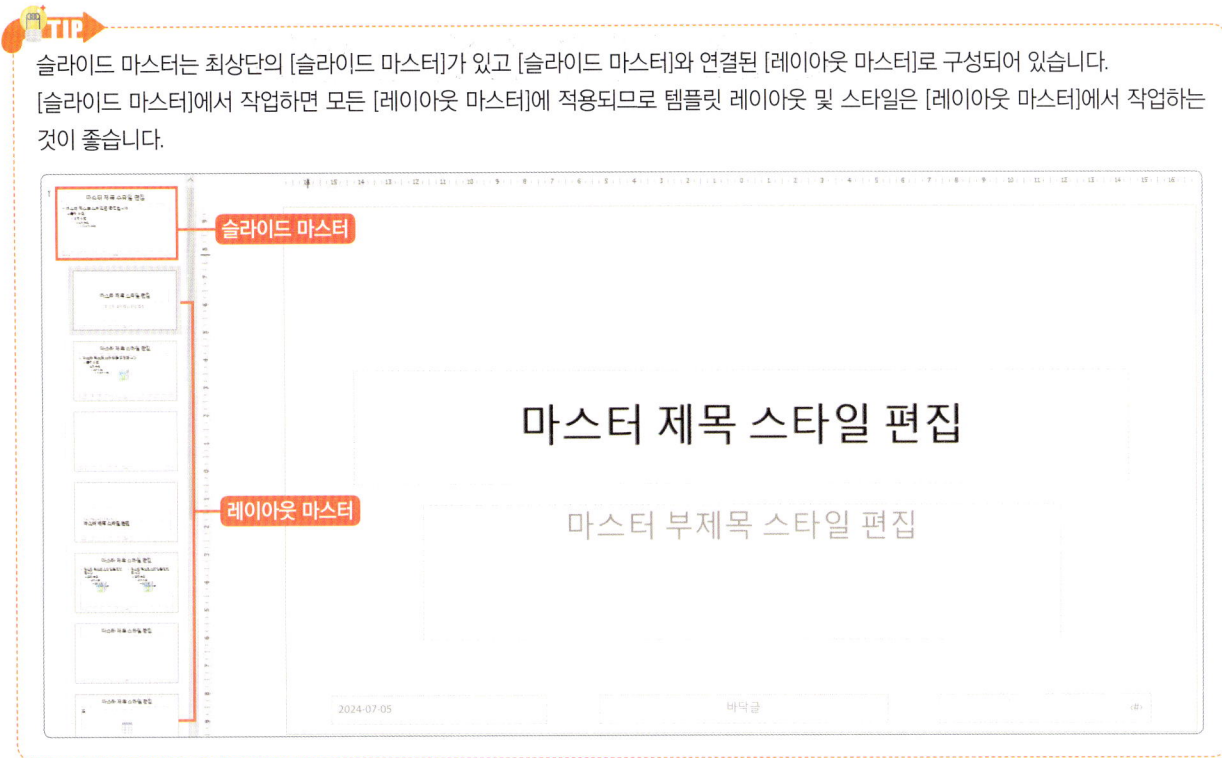

❷ [슬라이드 마스터] 탭-[테마 글꼴]-'새 테마 글꼴 만들기'를 클릭합니다.

❸ [새 테마 글꼴 만들기] 대화 상자에서 한글, 영문 글꼴을 [제목 글꼴]-'G마켓 산스 TTF Bold', [본문 글꼴]-'G마켓 산스 TTF Medium'으로 변경하고 이름을 '지마켓'으로 입력한 다음 <저장하기> 단추를 클릭합니다.

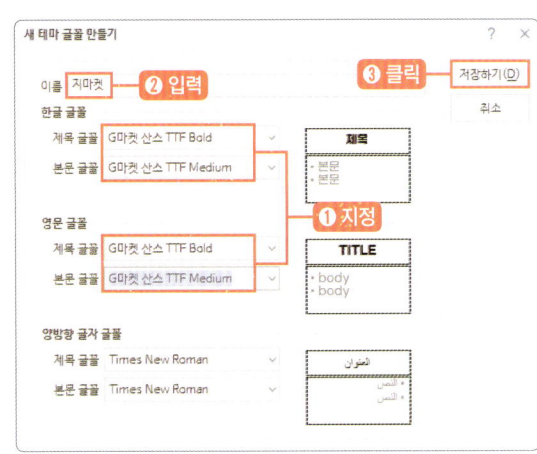

CHAPTER 16_ 슬라이드 마스터로 템플릿 만들기 • **115**

④ 제목 및 본문 글꼴이 변경된 것을 확인 할 수 있습니다.

⑤ [슬라이드 마스터] 탭-'닫기'를 클릭합니다.

⑥ [입력] 탭-[글상자]-[가로 글상자]를 클릭하고 텍스트를 입력하면 기본 글꼴이 'G마켓 산스체'로 입력됩니다.

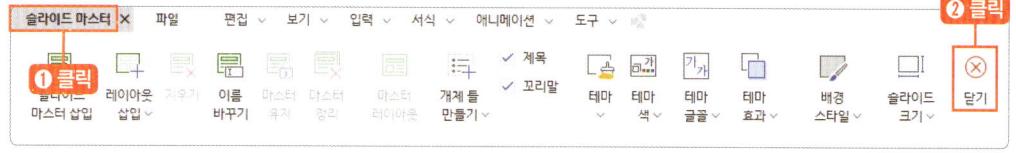

2 슬라이드 마스터로 템플릿 만들기

① [보기] 탭-[슬라이드 마스터]를 클릭합니다. [제목 슬라이드 레이아웃]을 클릭하고 '마스터 제목 스타일'을 왼쪽 상단에 배치한 후, 글자 크기(80pt), '왼쪽 정렬'을 지정합니다.

❷ '마스터 부제목 스타일'을 '마스터 제목 스타일' 아래쪽에 배치하고 글자 크기(44pt), 글자 색(검은 군청), '왼쪽 정렬'을 지정합니다.

❸ [입력] 탭-[도형]-[자세히]-'직사각형'을 클릭하여 하단에 드래그한 다음 도형 채우기(하늘색), 도형 윤곽선(없음)으로 지정합니다.

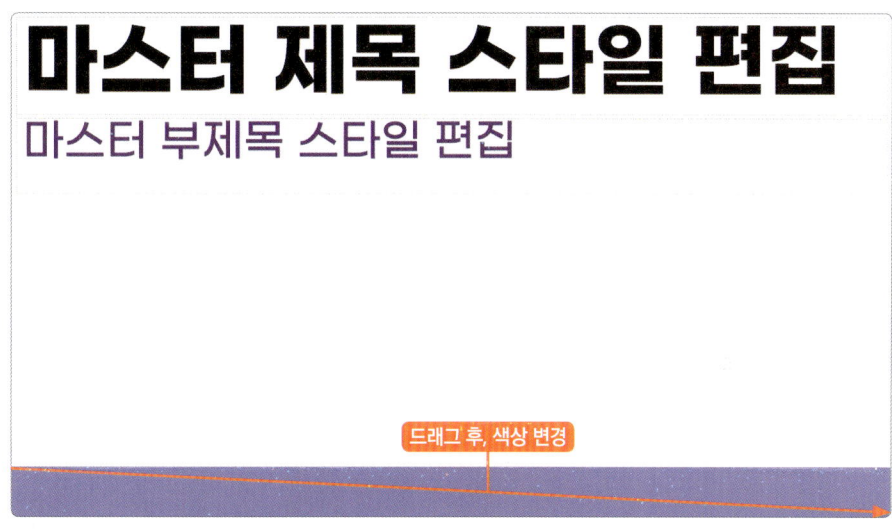

❹ [빈 화면 레이아웃]을 클릭하고 [입력] 탭-[도형]-[자세히]-'액자'를 클릭하여 슬라이드에 꽉 차게 드래그한 다음 도형 채우기(하늘색), 도형 윤곽선(없음)으로 지정합니다.

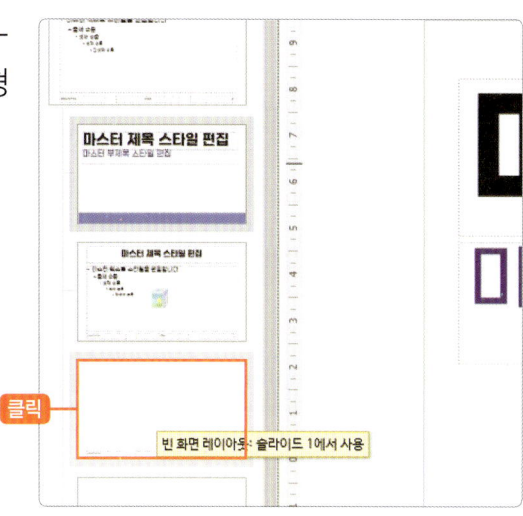

❺ 노란색 모양 조절점을 왼쪽으로 드래그하여 두께를 얇게 조절해 줍니다.

❻ [제목만 레이아웃]을 클릭하고 [입력] 탭-[도형]-[자세히]-'직사각형'을 클릭하여 왼쪽에 삽입한 다음 도형 채우기(하늘색), 도형 윤곽선(없음)으로 지정합니다.

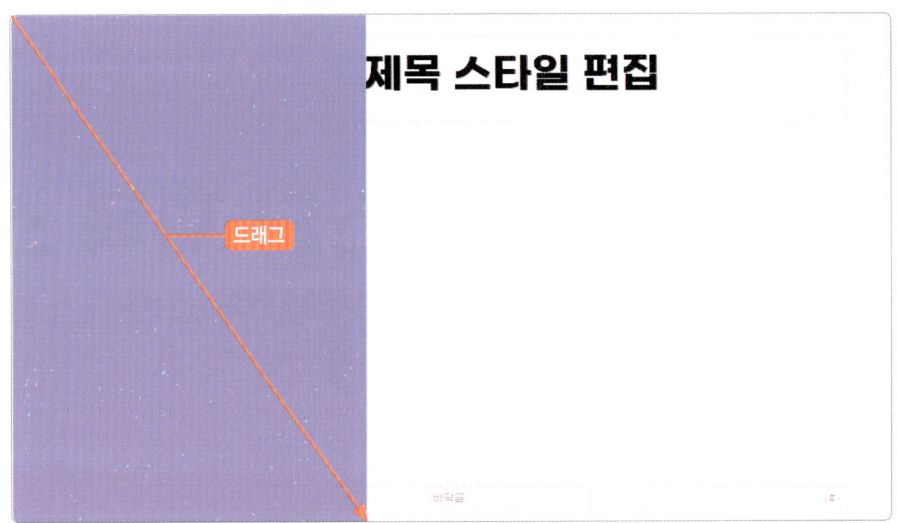

❼ [마스터 제목 스타일]의 크기 조절점을 드래그하여 오른쪽에 배치합니다.

⑧ [제목 및 내용 레이아웃]을 클릭하고 '내용'을 클릭하여 삭제한 다음 [입력] 탭-[도형]-[자세히]-'직사각형'을 클릭한 후, 왼쪽에 삽입하고 도형 채우기(하늘색 40% 밝게), 도형 윤곽선(없음)으로 지정합니다.

⑨ Ctrl + Shift 키를 누른채 오른쪽으로 드래그해서 복사한 다음 도형 채우기(하늘색)으로 지정합니다. 이어서, 같은 방법으로 복사하여 도형 채우기(검은 군청)으로 지정합니다.

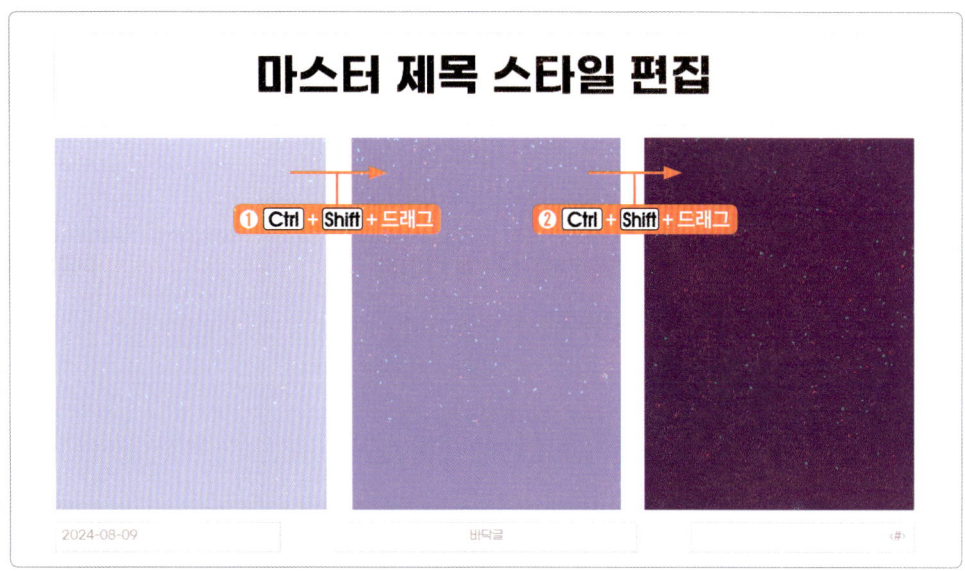

⑩ [슬라이드 마스터] 탭-[닫기]를 클릭합니다.

⑪ [편집] 탭-[새 슬라이드]를 클릭하면 디자인된 레이아웃 마스터 슬라이드를 확인 할 수 있습니다.

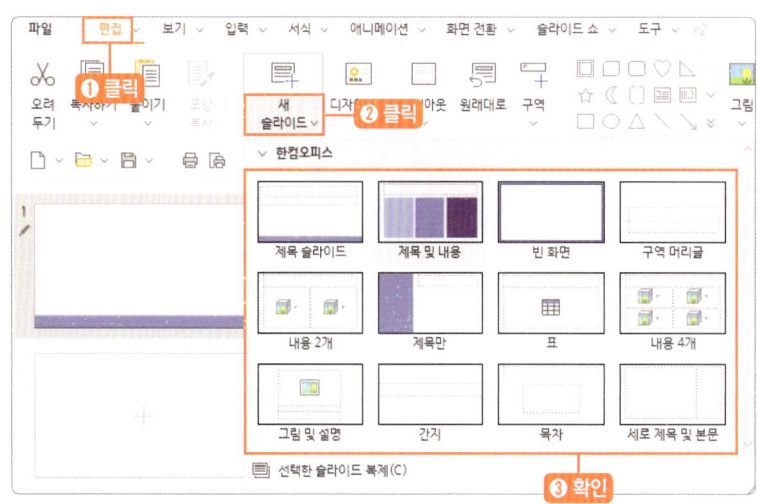

CHAPTER 16_ 슬라이드 마스터로 템플릿 만들기 • 119

⑫ [슬라이드 마스터]에서 변경한 레이아웃 디자인을 활용하여 다음과 같이 내용을 입력합니다.

CHAPTER 16

■ 불러올 파일 : 없음　■ 완성된 파일 : 16_연습하기(완성).show

 슬라이드 마스터에서 그림과 같은 템플릿을 만들어 봅니다.

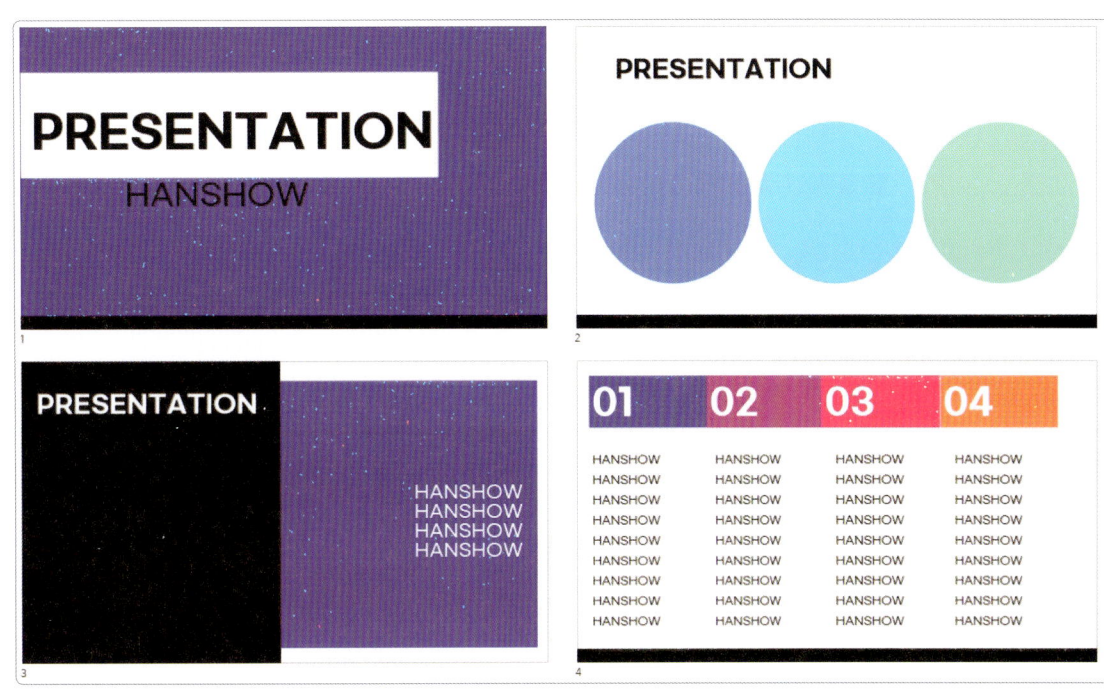

CHAPTER 17 색상 조합 사이트를 활용하기

- 단색과 폰트로 표지(제목) 슬라이드를 디자인할 수 있습니다.
- 색 골라내기로 색상을 선택해서 적용할 수 있습니다.
- 색상 조합 사이트를 활용할 수 있습니다.

■ 불러올 파일 : 단색 표지.show   ■ 완성된 파일 : 단색 표지(완성).show

완성작품 미리보기

오늘 배울 기능

색상 조합 사이트에서 이미지 다운로드하기, 색 골라내기로 색상 선택하기, 단색으로 표지(제목)슬라이드 변경하기

스토리 소개

디자인에서 쉽고 다양하게 디자인할 수 있는 방법 중 하나는 색상 조합입니다. 색상 조합 사이트를 활용하여 다양한 색상의 표지를 만들어 봅니다.

1 단색으로 깔끔한 표지 만들기

❶ '단색 표지.show' 파일을 불러옵니다.

❷ 마우스 오른쪽 단추를 눌러 [배경 속성]을 클릭하고 [배경 속성] 작업 창-[채우기]-[단색]-[색]-'색 골라내기'를 선택한 다음 첫 번째 색상을 클릭합니다.

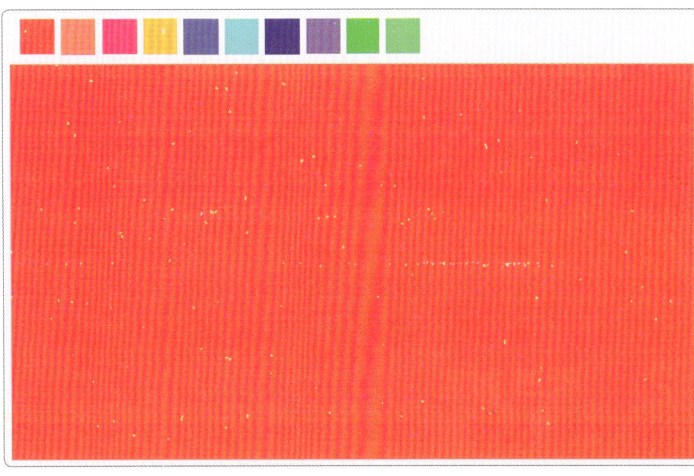

[직접 색상 변경하는 방법]
[배경 속성]-[색]-[스펙트럼]-'R:255, G:66 B:79' 수치를 입력해서 변경할 수 있습니다.

❸ [입력] 탭-[글상자]-[가로 글상자]를 클릭한 다음 마우스 포인터가 모양으로 바뀌면 클릭한 후, 'PRESENTATION'를 입력합니다.

❹ 텍스트를 드래그하거나 텍스트 윤곽선을 클릭하여 선택한 다음 글꼴(G마켓 산스 TTF Bold), 글자 크기(72pt), 글자 색(하양)으로 지정합니다.

❺ 같은 방법으로 'hanshow'를 입력하고 글꼴(G마켓 산스 TTF Medium), 글자 크기(44pt), 글자 색(하양)으로 지정합니다.

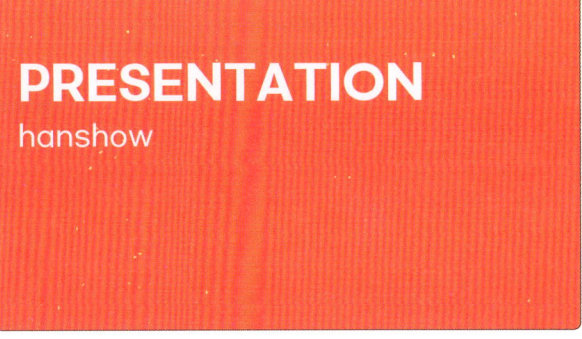

❻ 슬라이드 복제 기능을 이용하여 다양한 색상의 표지를 만들어 봅니다.
※ 색상과 폰트만으로도 깔끔한 표지를 만들 수 있습니다.

TIP 색상 조합은 디자인에서 아주 중요한 역할을 하며 적절한 색상 조합을 선택했을 때 디자인의 질이 높아집니다. 색상을 조합하기 어려울 때는 색상 조합 사이트를 활용하면 쉽게 색상을 조합해서 사용할 수 있습니다.

2 컬러 헌트

❶ 크롬에서 컬러 헌트 사이트로 이동합니다.
※ 사이트 : colorhunt.co

❷ 마음에 드는 색상 조합을 선택합니다.
　※ 조합된 컬러의 색상 코드, RGB 값도 모두 표기되어 있어 편리하게 사용할 수 있습니다.

❸ 이미지 다운로드 단추(Image)를 클릭하고 [다른 이름으로 저장] 대화상자가 나오면 <저장> 단추를 클릭하여 색상 조합을 다운로드합니다.

❹ 마음에 드는 색상 조합의 하트(♡)를 클릭하면 Collection에 저장되어 원하는 색상 조합만 모아 볼 수 있습니다.
　※ 컬러 헌트는 4가지의 색상을 조합 해주는 사이트로 최신, 인기, 랜덤 등의 카테고리를 선택하면 4가지의 색상 목록을 자동으로 추천해 줍니다. 그 외에도 파스텔, 빈티지, 레트로, 네온, 골드, 라이트 등 다양한 카테고리로 분류되어 있어 쉽게 색상 조합을 만들 수 있습니다.

3 어도비 컬러

❶ 크롬에서 어도비 컬러 사이트로 이동합니다. (color.adobe.com)

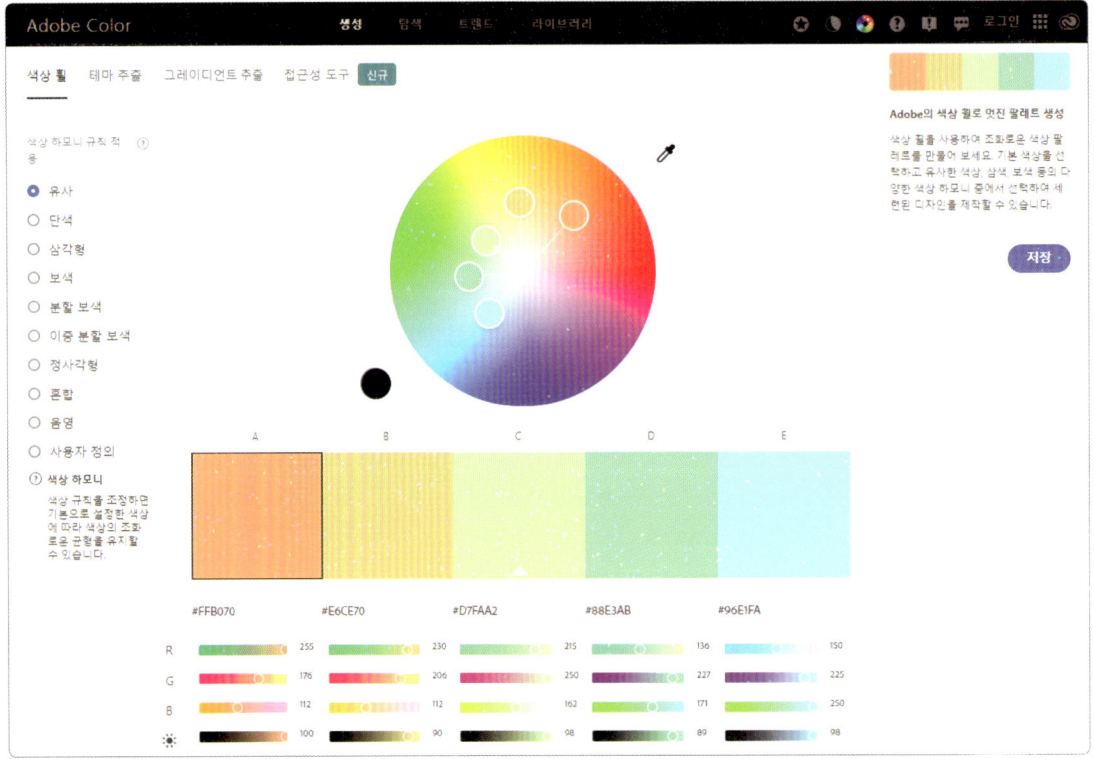

❷ [색상 휠]의 둥근 아이콘을 움직이면 어울리는 색상 조합을 생성해 줍니다. 유사, 단색, 삼각형, 보색, 분할 보색, 이중 분할 보색, 정사각형 등 다양한 규칙으로 색상을 조합하므로 원하는 유형을 쉽게 선택해서 사용할 수 있습니다.

❸ [테마 추출] 탭을 클릭하면 이미지에서 색상을 추출할 수 있습니다. [테마 추출] 탭에서 [파일 선택]을 클릭한 다음 [열기] 대화상자에서 [불러올 파일]-[CHAPTER 17]-'테마 추출.jpg'을 클릭한 다음 <열기> 단추를 클릭합니다.

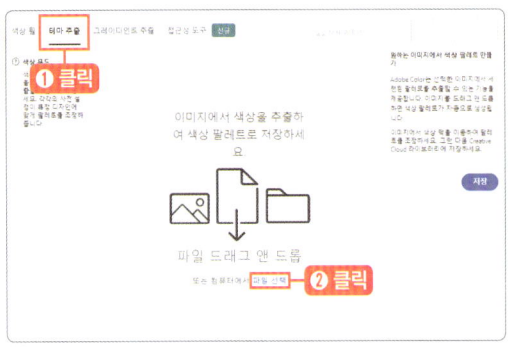
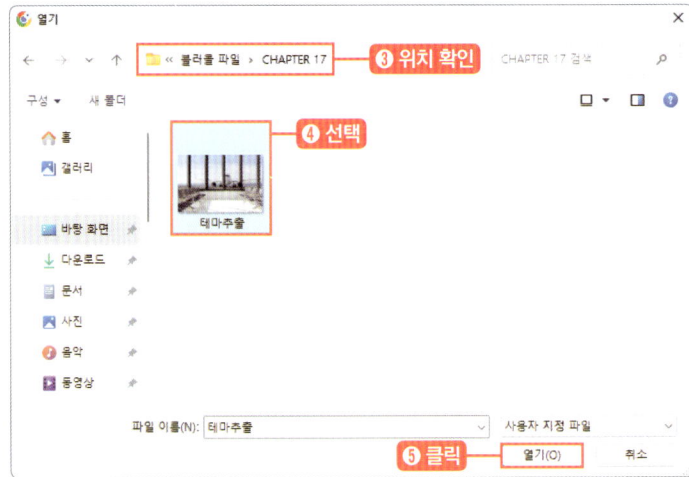

④ 선명하게, 밝게, 연하게, 진하게, 어둡게 등 색상 무드를 사용하여 색상 조합을 추출할 수 있습니다.

⑤ [그레이디언트 추출] 탭을 활용하면 이미지를 그라디언트 색상으로 추출할 수 있습니다.

> TIP
> 어도비 컬러는 색상 조합을 저장할 때 로그인이 필요하므로 [한쇼]에서 [입력] 탭-[그림]-[스크린 샷] 기능으로 이미지를 저장하는 것이 편리합니다.

❻ [탐색] 탭의 검색 창에서 텍스트를 입력해서 색상 조합을 생성할 수 있습니다. 검색 창에서 '바다'를 입력합니다. 다양한 색상 조합이 추출된 것을 확인할 수 있습니다.

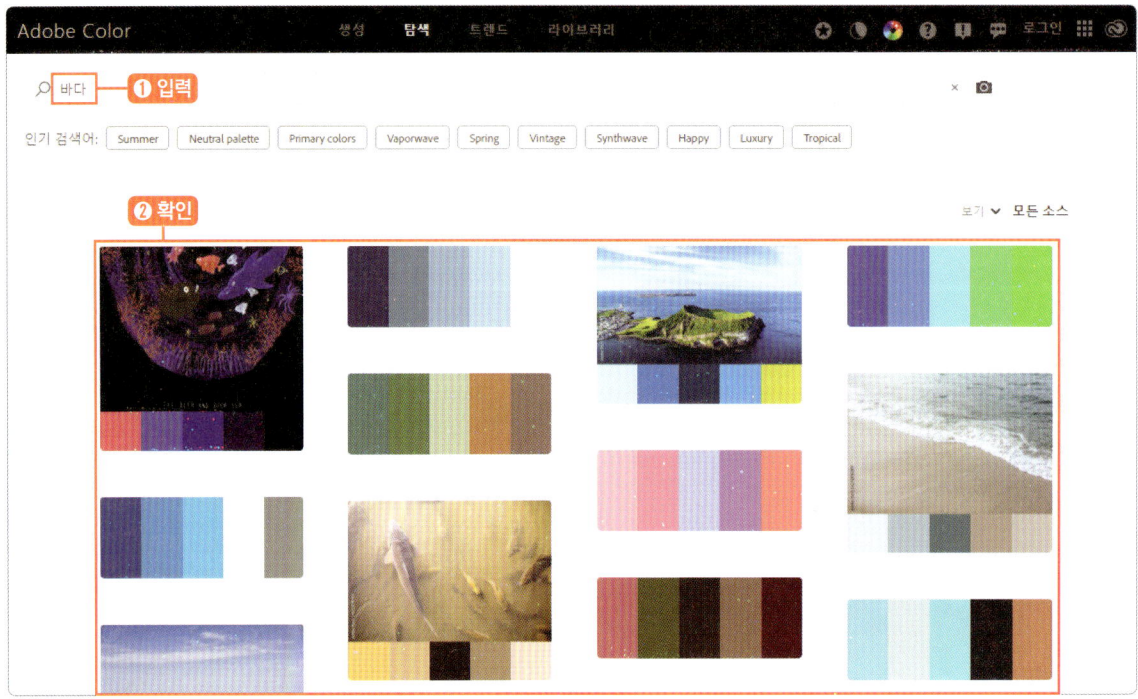

❼ [트랜드] 탭은 최신 색상 동향을 패션, 그래픽, 일러스트레이션, 건축, 게임 디자인 등 다양한 카테고리로 구분하여 색상 조합을 제공합니다.

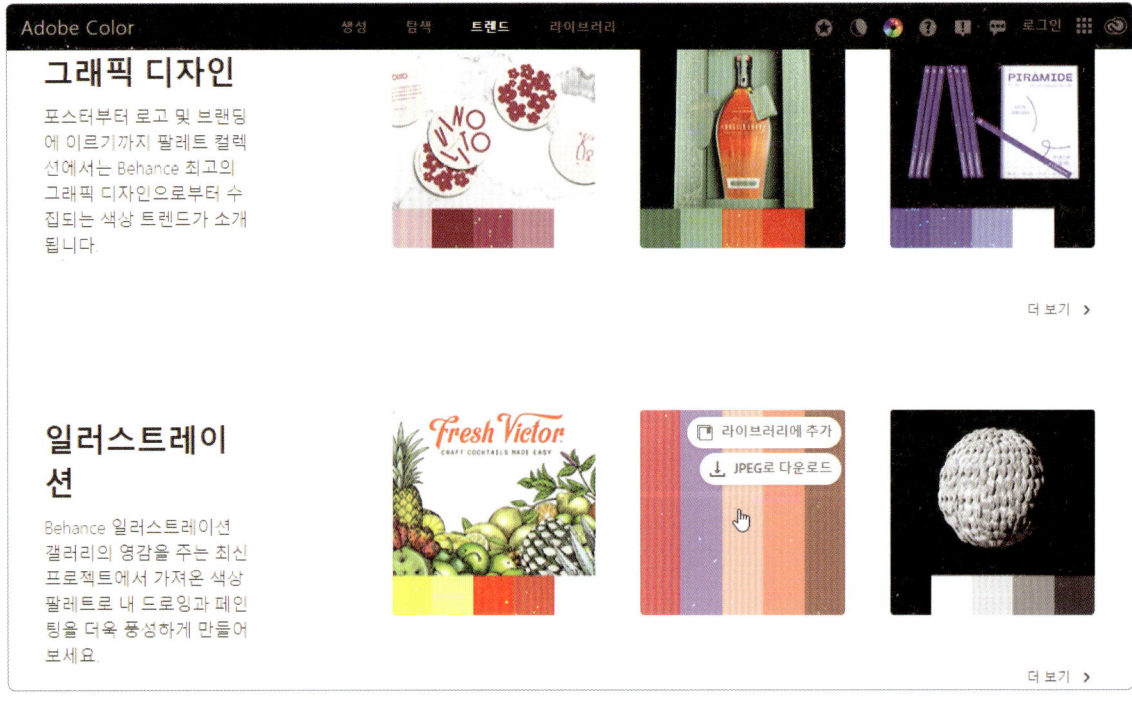

❽ 원하는 색상을 클릭하면 색상 조합 이미지가 크게 보여집니다.

4 컬러 스페이스

❶ 크롬에서 컬러 스페이스 사이트로 이동합니다. (mycolor.space)

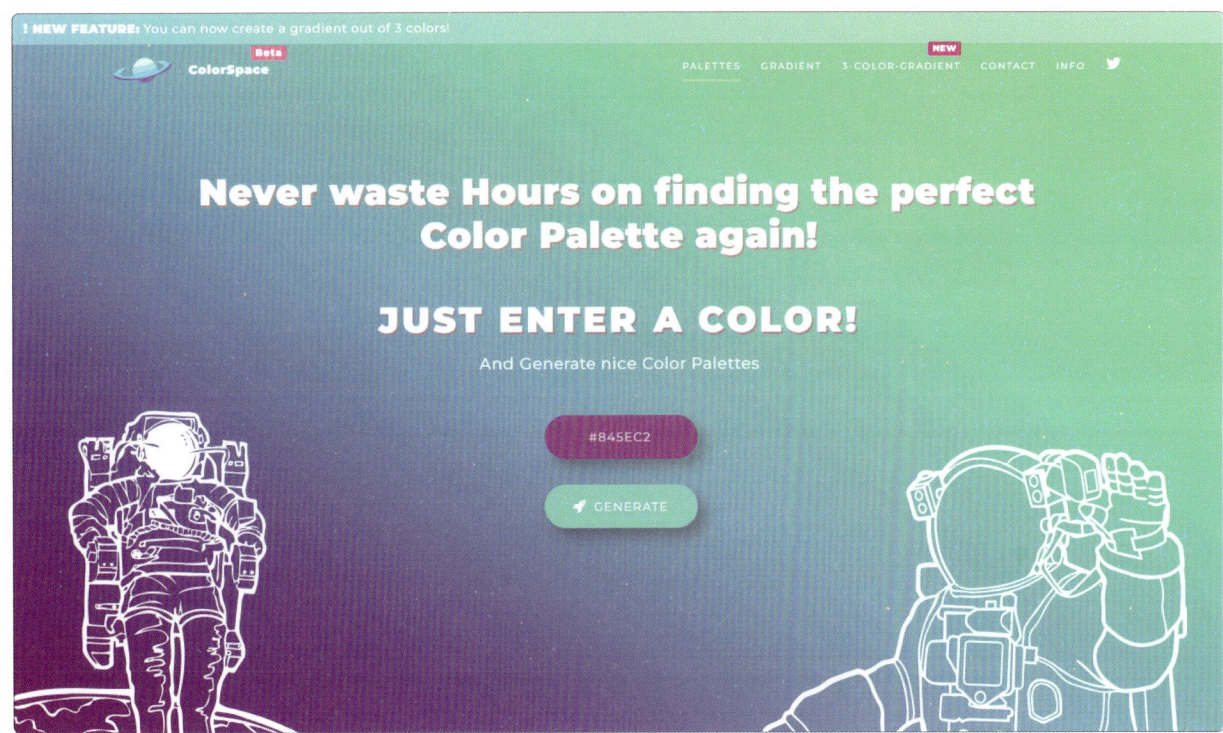

CHAPTER 17_ 색상 조합 사이트를 활용하기 • **129**

❷ 중앙에 색상 코드를 클릭하고 색상 피커가 나오면 원하는 색상을 선택한 다음 <GENERATE(생성)> 단추를 클릭하면 색상 조합을 생성해 줍니다.

❸ 하나의 컬러에 다양한 컬러 조합을 생성해 주기 때문에 선택해서 사용할 수 있습니다.

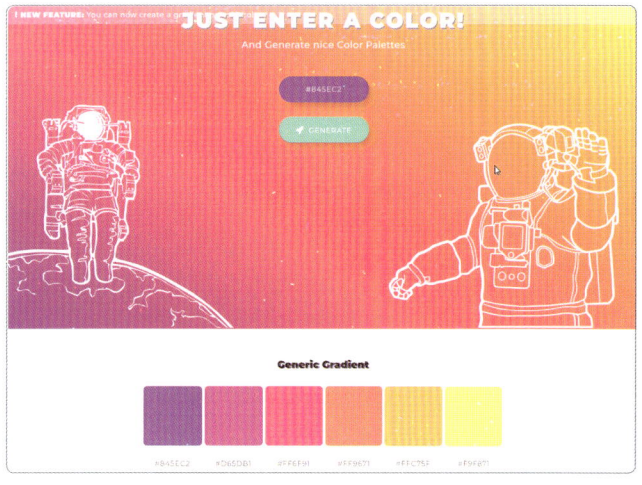
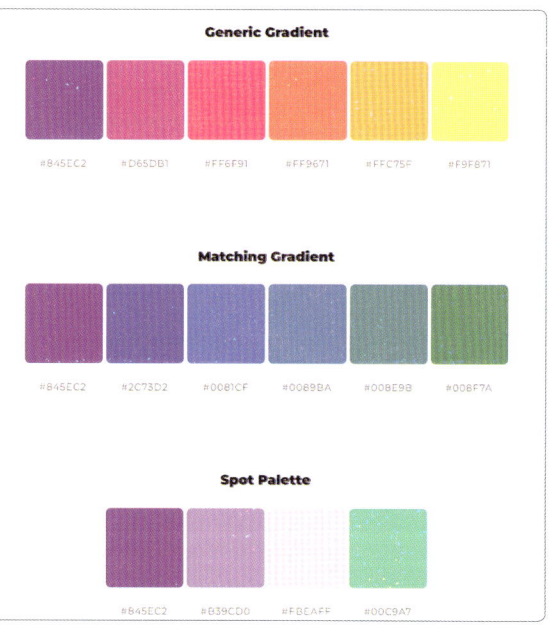

CHAPTER 17

■ 불러올 파일 : 없음　■ 완성된 파일 : 17_연습하기(완성).show

1 컬러 스페이스에서 색상 조합을 생성하고, 생성한 색상 조합으로 단색 표지 3개를 생성합니다.

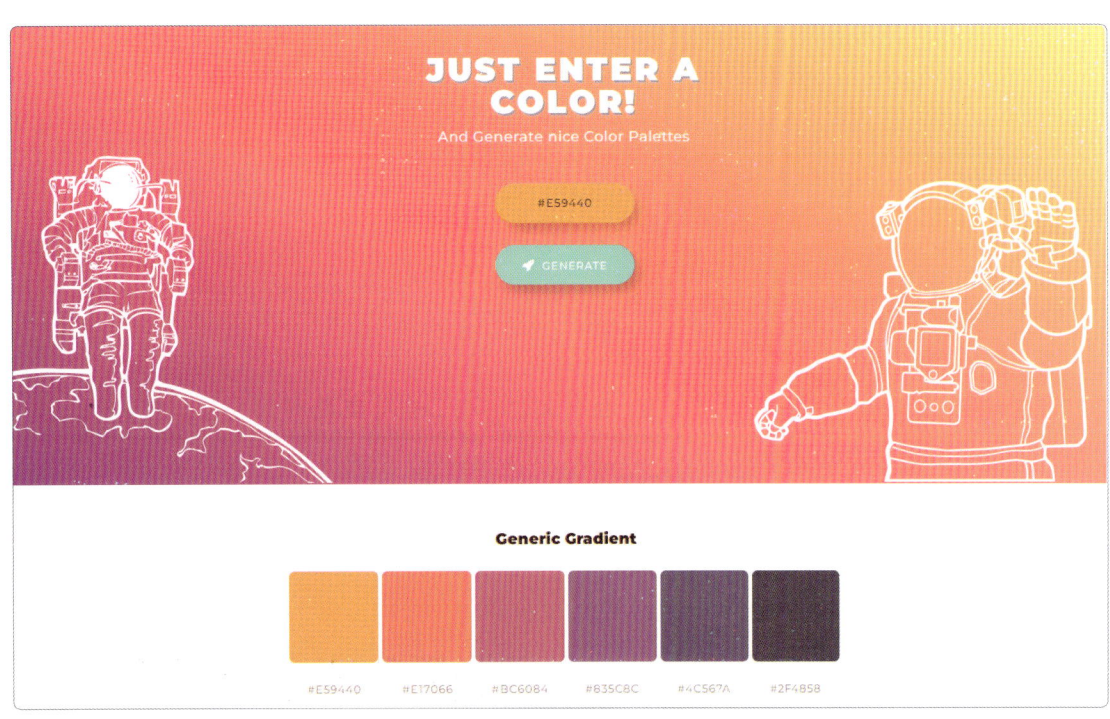

CHAPTER 17_ 색상 조합 사이트를 활용하기 • **131**

CHAPTER 18 디자인 목차 만들기

학습목표
- 도형을 이용하여 디자인 목차를 만들 수 있습니다.
- 픽토그램 사이트를 활용할 수 있습니다.

■ 불러올 파일 : 없음   ■ 완성된 파일 : 목차(완성).show

완성작품 미리보기 {오늘 배울 기능}

도형 회전하기, 그림자 효과, 색상 값을 입력해서 도형 색상 변경하기

스토리 소개

도형을 활용하여 입체적인 디자인 목차를 만들 수 있습니다. 픽토그램을 추가하여 다양하게 꾸밀 수 있습니다. 픽토그램은 단어, 구 또는 개념을 나타내는 시각적 상징을 나타내는 그림입니다.

1 도형으로 목차 디자인하기

① [도형]-[자세히]-'직사각형'을 선택하여 그려줍니다. 이어서, [도형]-[자세히]-'평행 사변형'을 그려주고 [도형] 탭-[회전]-'오른쪽으로 90도 회전'을 클릭합니다.

② '평행 사변형'을 선택하고 Ctrl + D 키를 눌러 복사합니다.

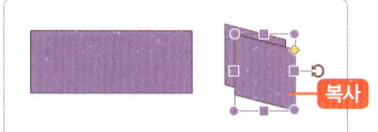

③ 복사한 '평행 사변형' 도형을 선택한 상태에서 [도형] 탭-[회전]-'좌우 대칭'을 클릭하고 도형을 배치해 줍니다.

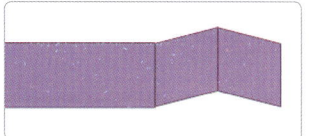

④ '직사각형' 도형을 선택한 다음 Ctrl + Shift 키를 누른 상태에서 오른쪽으로 드래그하여 복사합니다.

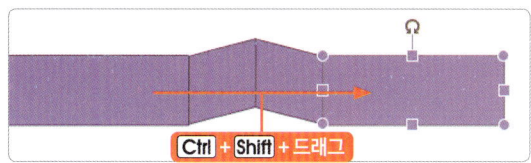

⑤ '크기 조절점'을 오른쪽으로 드래그해서 '직사각형'을 가로로 늘여줍니다.

⑥ [도형]-[자세히]-'이등변 삼각형'을 클릭하여 도형을 삽입합니다.

⑦ '이등변 삼각형'을 선택하고 [도형] 탭-[도형 채우기]-'하양 50% 어둡게', [도형 윤곽선]-'없음', [도형 효과]-[옅은 테두리]-'10pt'를 선택하고 마우스 오른쪽 단추를 눌러 [순서]-'맨 뒤로'를 클릭합니다.

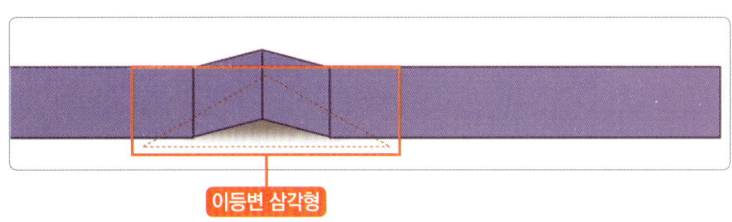

❽ '이등변 삼각형'을 제외한 모든 도형을 선택하고 도형 채우기(하늘색), 도형 윤곽선(없음)으로 지정합니다.
※ Ctrl 키를 누른 상태로 도형을 클릭하면 여러 도형을 선택할 수 있습니다.

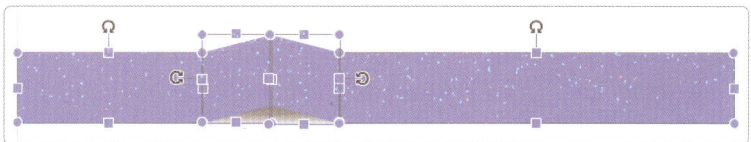

❾ 왼쪽 직사각형, 평행 사변형 두 도형을 선택한 다음 [도형] 탭-[도형 채우기]-'하늘색 25% 어둡게'를 지정하여 명암을 표현합니다.

❿ 전체 도형을 드래그해서 선택한 다음 Ctrl + Shift 키를 누른 상태에서 아래로 드래그하여 복사를 반복하여 4개의 도형을 만들어 줍니다.

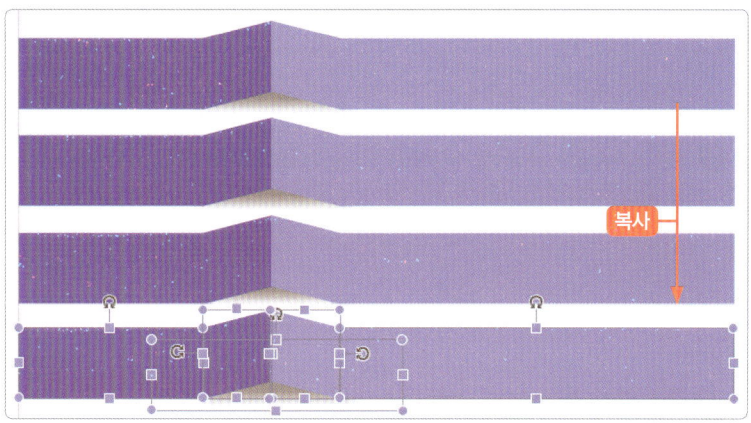

⓫ Ctrl 키를 눌러 두 번째 줄 도형의 왼쪽 직사각형, 평행 사변형을 선택한 다음 [도형] 탭-[도형 채우기]-[스펙트럼]-'R:54, G:54, B:54'를 입력합니다.

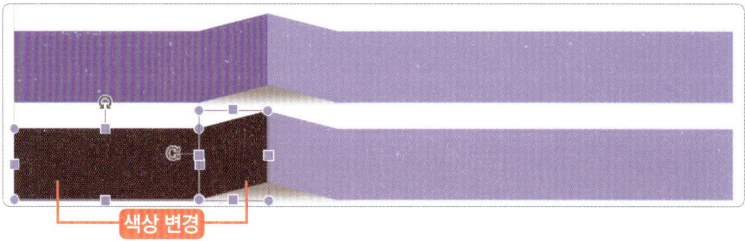

⓬ Ctrl 키를 눌러 두 번째 줄 도형의 오른쪽 평행 사변형, 직사각형을 선택한 다음 [도형] 탭-[도형 채우기]-[스펙트럼]-'R:89, G:89, B:89'를 입력합니다.

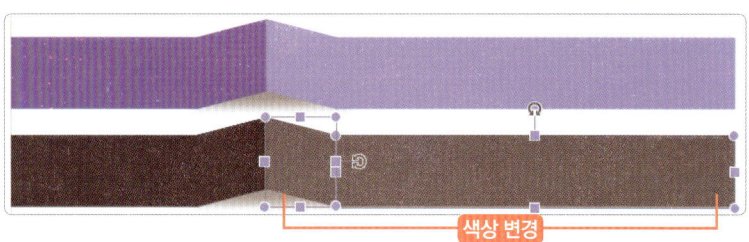

⑬ [Ctrl] 키를 눌러 세 번째 줄 도형의 왼쪽 직사각형, 평행 사변형을 선택한 다음 [스펙트럼]-'R:110, G:169, B:45'를 입력합니다.

⑭ [Ctrl] 키를 눌러 세 번째 줄 도형의 오른쪽 평행 사변형, 직사각형을 선택한 다음 [스펙트럼]-'R:165, G:208, B:122'를 입력합니다.

⑮ [Ctrl] 키를 눌러 네 번째 줄 도형의 왼쪽 직사각형, 평행 사변형을 선택한 다음 [스펙트럼]-'R:80, G:174, B:200'을 입력합니다.

⑯ [Ctrl] 키를 눌러 네 번째 줄 도형의 오른쪽 평행 사변형, 직사각형을 선택한 다음 [스펙트럼]-'R:147, G:205, B:221'을 입력합니다.

⑰ [입력] 탭-[글상자]-'가로 글상자'를 클릭하고 '01'을 입력한 다음 글꼴(G마켓 산스 TTF Bold), 글자 크기(48pt), 글자 색(하양)으로 지정합니다.

⑱ '01' 텍스트를 선택하고 [Ctrl] + [Shift] 키를 눌러 아래로 세 번 더 복사한 다음 '02', '03', '04'로 변경해 줍니다.

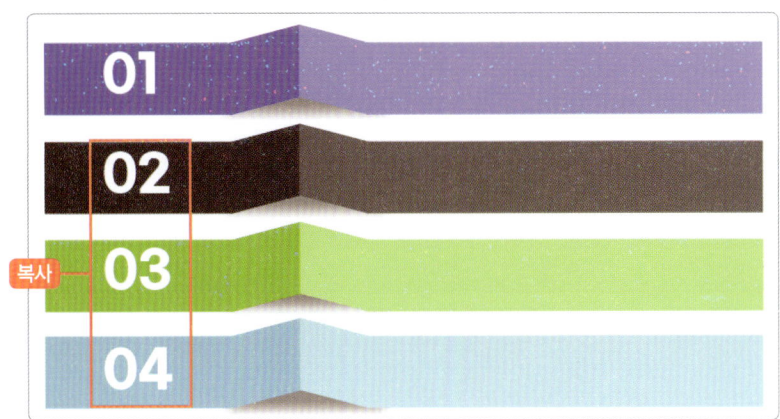

⑲ 타이틀 'PRESENTATION'을 입력한 다음 목차를 완성합니다.

⑳ 무료 픽토그램 사이트 'flaticon'에서 원하는 픽토그램을 다운로드 받아 꾸밀 수 있습니다. (https://www.flaticon.com)

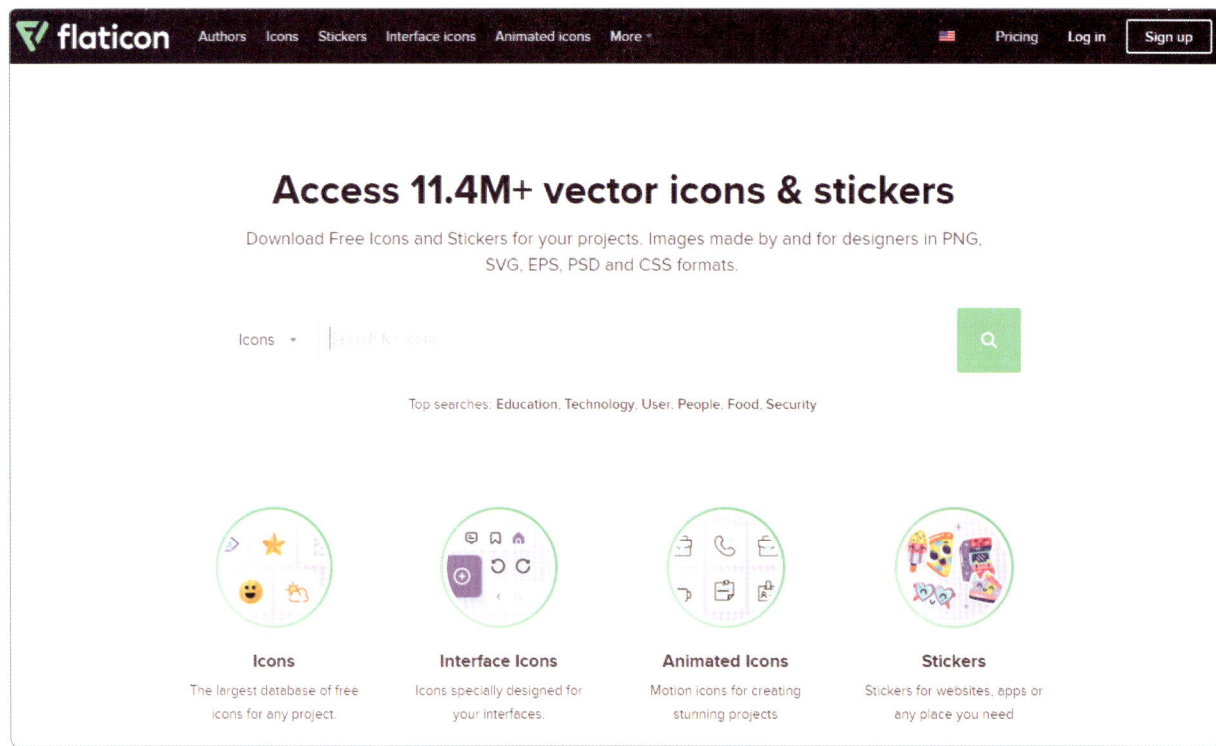

CHAPTER **18**

📁 불러올 파일 : 없음   📗 완성된 파일 : 18_연습하기(완성).show

 목차를 디자인해 봅니다.

PRESENTATION

01	02	03	04
항목1	항목2	항목3	항목4
내용 입력하기 내용 입력하기 내용 입력하기 내용 입력하기 내용 입력하기	내용 입력하기 내용 입력하기 내용 입력하기 내용 입력하기 내용 입력하기	내용 입력하기 내용 입력하기 내용 입력하기 내용 입력하기 내용 입력하기	내용 입력하기 내용 입력하기 내용 입력하기 내용 입력하기 내용 입력하기

- **PRESENTATION :** G마켓 산스 TTF Bold, 54pt
- **01~04 :** G마켓 산스 TTF Bold, 54pt
- **항목 및 내용 :** G마켓 산스 TTF Medium, 18pt

CHAPTER 19 화면을 분할하여 디자인하기

학습목표
- 도형으로 화면을 분할하여 본문을 디자인할 수 있습니다.
- 색상 값을 입력해서 색상을 변경할 수 있습니다.

■ 불러올 파일 : 열기구.jpg, 픽토그램1.jpg~픽토그램4.jpg   ■ 완성된 파일 : 목차(완성).show

완성작품 미리보기   **오늘 배울 기능**

안내선 사용하기, 도형으로 화면 분할 하기, 색상 값을 입력해서 색상 변경하기

 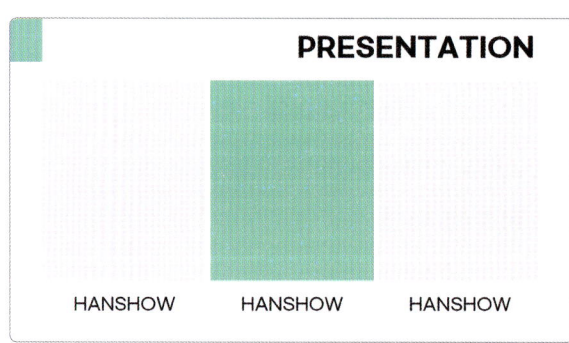

스토리 소개

시각적인 디자인을 위해서는 화면을 분할하는 방법이 있습니다. 여러 주제를 한 번에 나타낼 때는 화면을 분할하여 디자인 하는 것이 효과적입니다. 분할 화면에서는 색상으로 포인트를 주는 것이 좋습니다.

도형으로 분할 하여 본문 디자인하기

❶ [한쇼]를 실행한 다음 '새 문서'를 클릭한 후, [레이아웃]-'빈 화면'을 클릭합니다. 이어서, [보기] 탭-그리기 안내선'을 체크합니다.

❷ [도형]-[자세히]-'직사각형'을 안내선에 맞춰 오른쪽에 드래그하여 그려줍니다.
 ※ 도형 채우기(시멘트색 60% 밝게), 도형 윤곽선(없음)

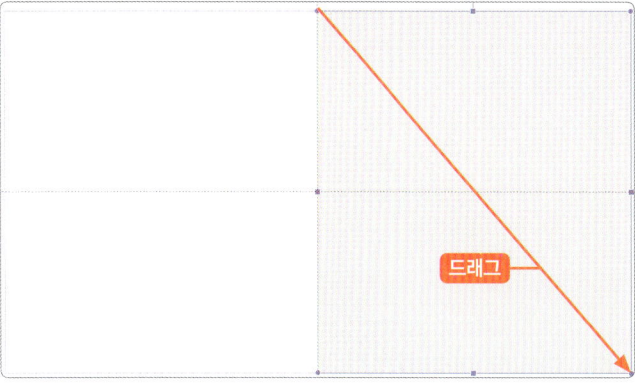

❸ 왼쪽 흰색 배경에 'PRESENTATION'을 입력한 다음 글꼴(G마켓 산스 TTF Bold), 글자 크기(44pt)로 지정합니다.
 ※ 도형을 클릭하여 텍스트를 입력하면 도형 안에 텍스트가 입력되어 원하는 위치에 배치하기 어렵습니다.

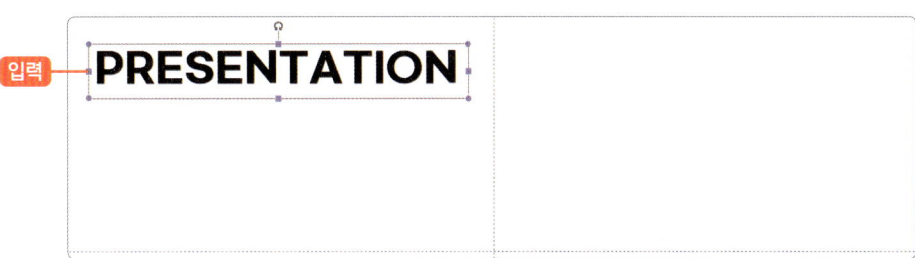

❹ 텍스트를 도형 위에 배치하고 Ctrl 키를 눌러 도형과 텍스트를 모두 클릭한 다음 [도형] 탭-[맞춤]-'가운데 맞춤'을 클릭합니다.

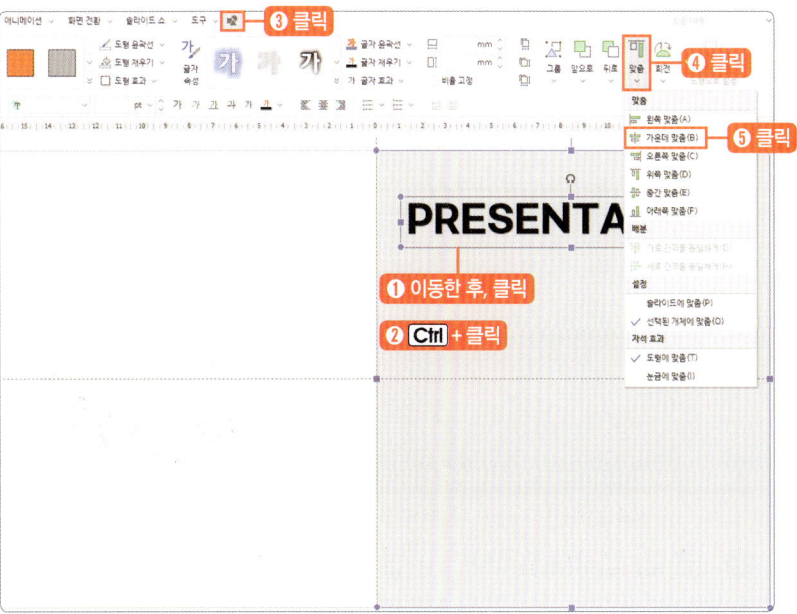

❺ [입력] 탭-[도형]-[자세히]-'타원'을 선택하고 Shift 키를 누른 상태에서 드래그하여 도형을 삽입합니다.

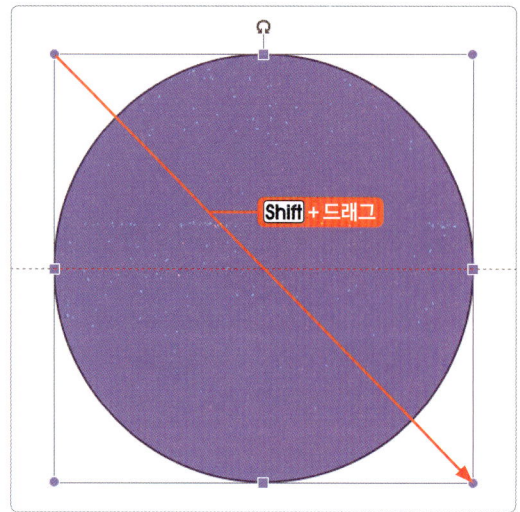

❻ 타원을 클릭하고 [도형] 탭-[도형 채우기]-[그림]을 클릭합니다.

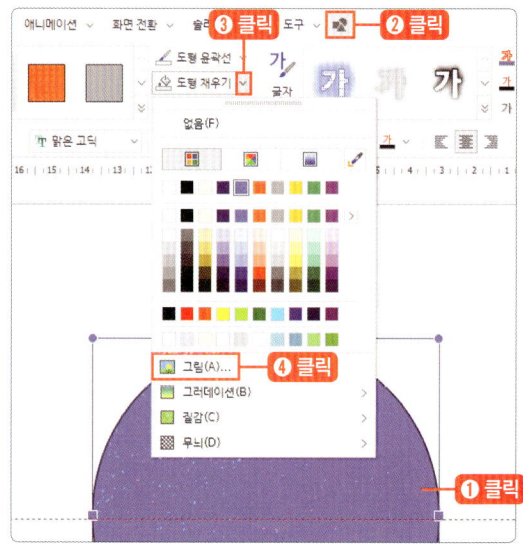

❼ [불러올 파일]-[CHAPTER 19]-'열기구.jpg'를 선택하고 <열기> 단추를 클릭합니다. 이어서, [도형 윤곽선]-'없음'을 지정합니다.

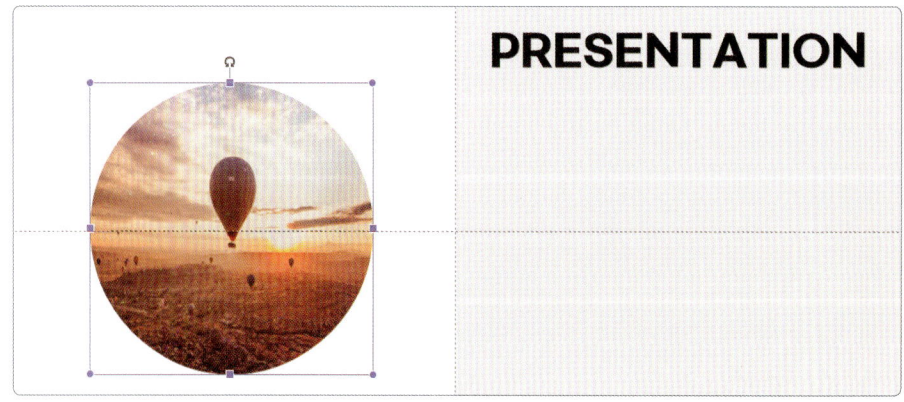

❽ [편집] 탭-[새 슬라이드]-'빈 화면'을 클릭하여 슬라이드를 추가합니다.

⑨ [도형]-[자세히]-'직사각형'을 클릭하여 왼쪽 위에 삽입합니다.
  ※ 도형 채우기(R:20, G:177, B:171), 도형 윤곽선(없음)

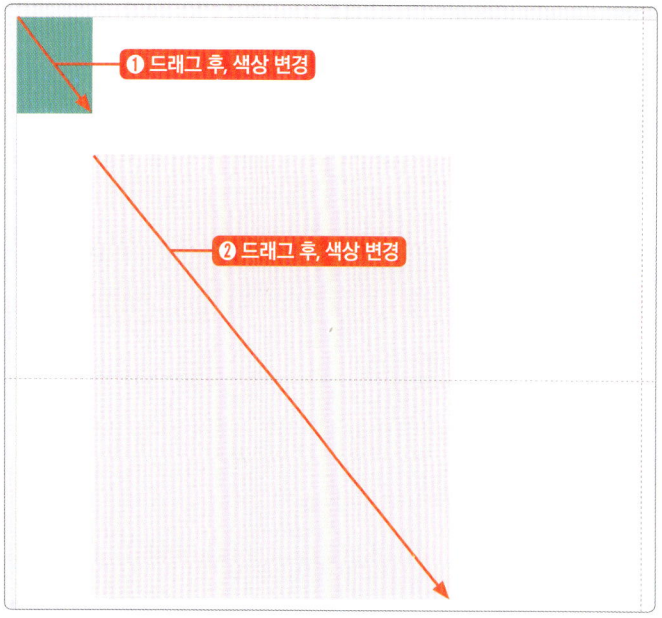

⑩ [도형]-[자세히]-'직사각형'을 클릭하여 삽입합니다.
  ※ 도형 채우기(시멘트색 60% 밝게), 도형 윤곽선(없음)

⑪ 도형을 선택한 다음 Ctrl + Shift 키를 누른 상태에서 오른쪽으로 드래그하여 복사해 줍니다.

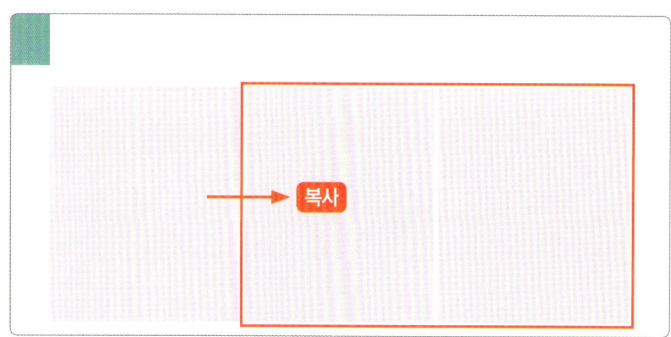

⑫ 가운데 도형을 선택한 다음 도형 채우기(R:20, G:177, B:171)를 변경합니다.

⑬ 텍스트를 입력해서 완성합니다.
  ※ 'PRESENTATION' : G마켓 산스 TTF Bold, 44pt
     'HANSHOW' : G마켓 산스 TTF Medium, 28pt

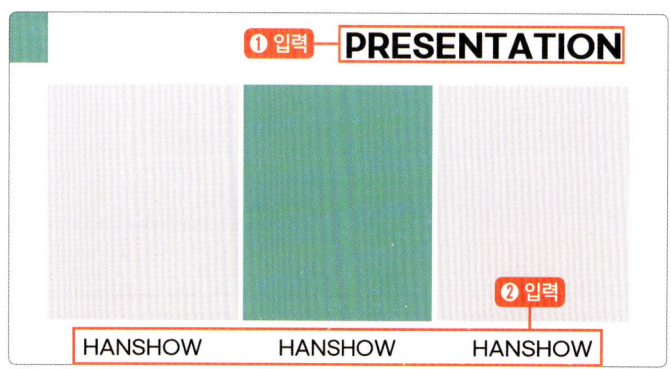

⑭ [편집] 탭-[새 슬라이드]-'빈 화면'을 클릭하여 슬라이드를 추가합니다.

⑮ 슬라이드 가운데 위쪽에 'PRESENTATION'을 입력한 다음 글꼴(G마켓 산스 TTF Bold), 글자 크기(54pt)로 지정합니다.

⑯ [입력] 탭-[도형]-[자세히]-'타원'을 클릭하여 삽입합니다.
  ※ 도형 채우기(강조 3 시멘트색), 도형 윤곽선(없음)

⑰ Ctrl + Shift 키를 누른채 드래그하여 오른쪽으로 3번 복사합니다.

⑱ 타원 도형을 모두 선택하고 [도형] 탭-[맞춤]-'가로 간격을 동일하게'를 클릭합니다.

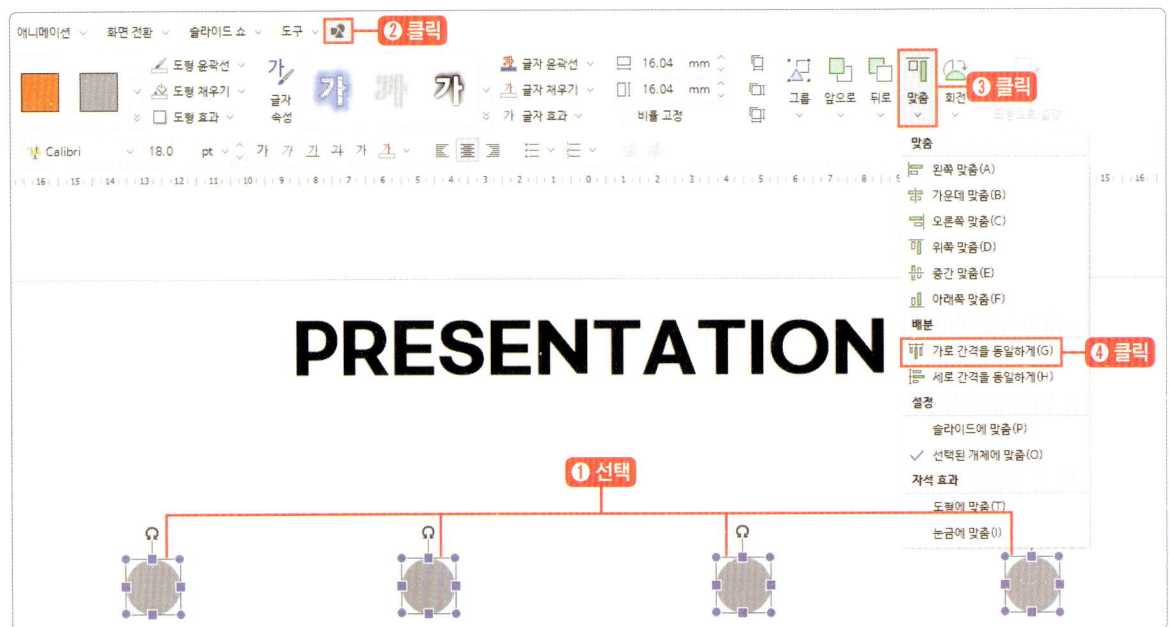

⑲ [도형]-[자세히]-'직사각형'을 클릭하여 길게 삽입합니다.
  ※ 도형 채우기(강조 3 시멘트색), 도형 윤곽선(없음)

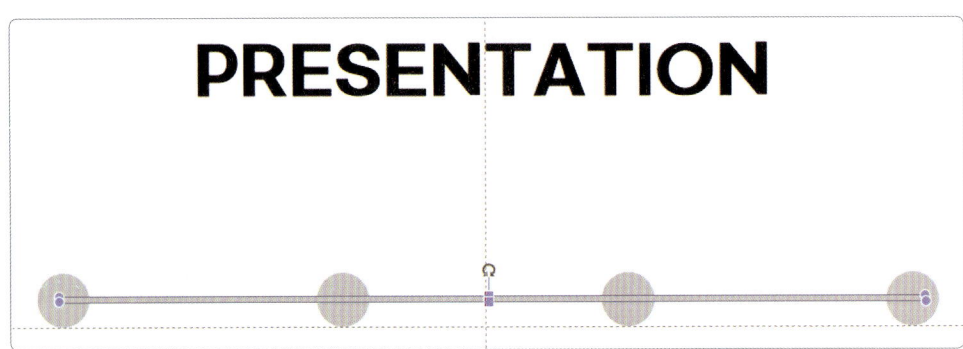

⑳ [불러올 파일]-[CHAPTER 19]-'픽토그램1.jpg', '픽토그램2.jpg', '픽토그램3.jpg', '픽토그램4.jpg' 그림 파일을 다음과 같이 배치한 다음 텍스트를 입력합니다.

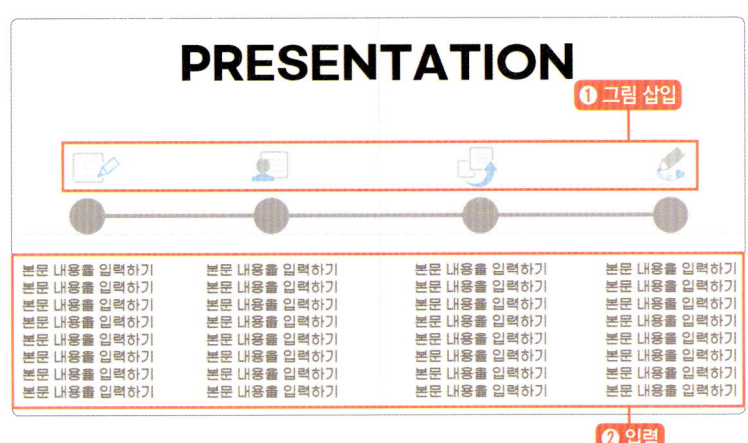

CHAPTER **19**

■ 불러올 파일 : 19_연습하기.show   ■ 완성된 파일 : 19_연습하기(완성).show

1 도형 분할을 이용하여 본문을 디자인해 봅니다.

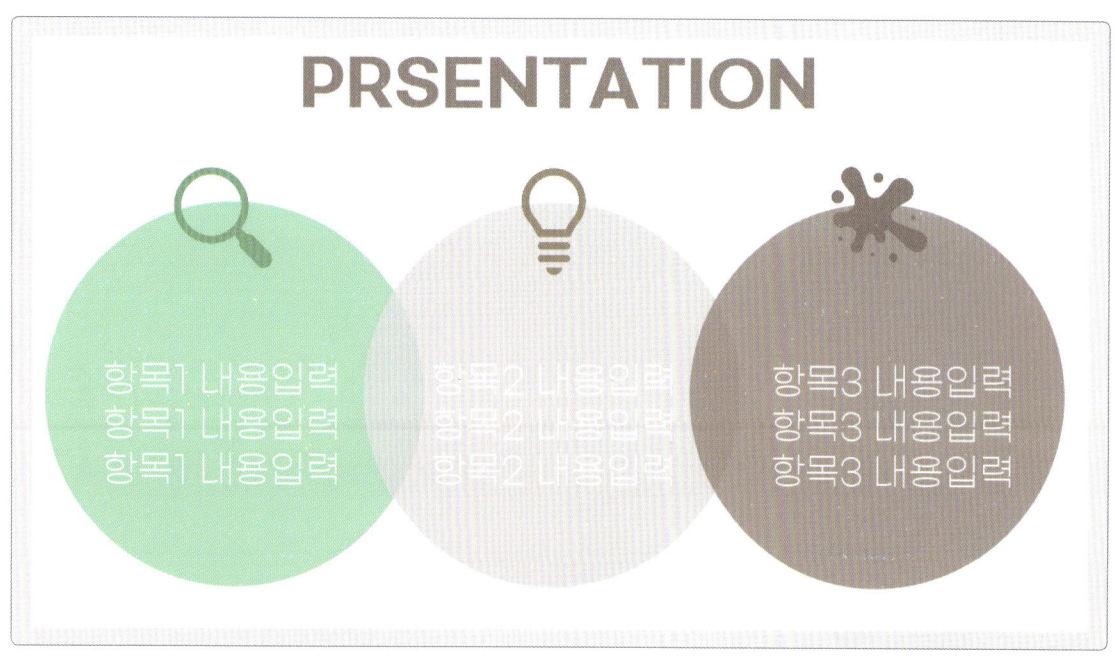

CHAPTER 20 진로개발역량 검사하기

학습목표
- 주니어 커리어넷 사이트를 활용하여 진로개발역량 검사를 진행할 수 있습니다.
- 다양한 직업에 대해 살펴보고 미래 직업정보를 조사할 수 있습니다.

■ 불러올 파일 : 없음   ■ 완성된 파일 : 없음

{ 오늘 배울 기능 }

커리어넷에서 진로개발역량 검사하기

주니어 커리어넷은 초등학생을 위한 진로 정보망입니다. 초등학생들이 자신의 성향, 흥미, 능력에 맞는 진로를 탐색하고, 미래 사회에 필요한 역량을 키울 수 있도록 다양한 정보와 프로그램을 제공합니다. 주니어 커리어넷에서 진로개발역량을 검사해 봅니다.

커리어넷 사이트에서 진로개발역량 검사하기

① 커리어넷 사이트(https://www.career.go.kr)에 접속한 다음 초등학생을 클릭합니다.

② 주니어 커리어넷으로 이동 팝업 창에서 <확인> 단추를 클릭합니다.

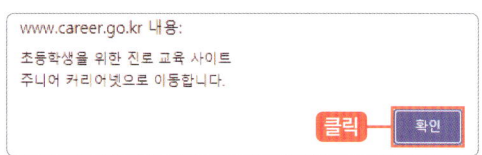

③ 주니어 커리어넷에서 [나를 알아보아요]-[고학년 진로개발역량]을 클릭합니다.

❹ 진로개발역량 검사를 하기 위해 내 정보를 선택합니다. [성별, 학년, 예] 3가지를 체크하고 <시작하기> 단추를 클릭합니다.

※ **회원가입하기**는 진행하지 않아도 됩니다.

❺ 검사 방법 중 화면 설명을 나타내는 화면입니다. <닫기>를 클릭합니다.

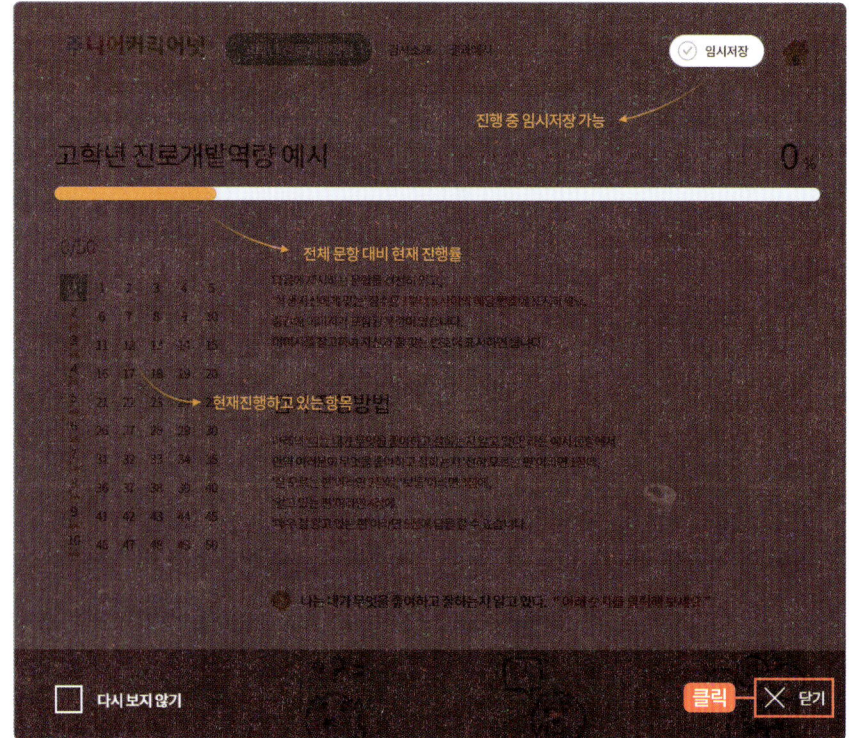

❻ 검사 방법을 확인하고 숫자를 클릭한 다음 <검사 시작> 단추를 클릭합니다.

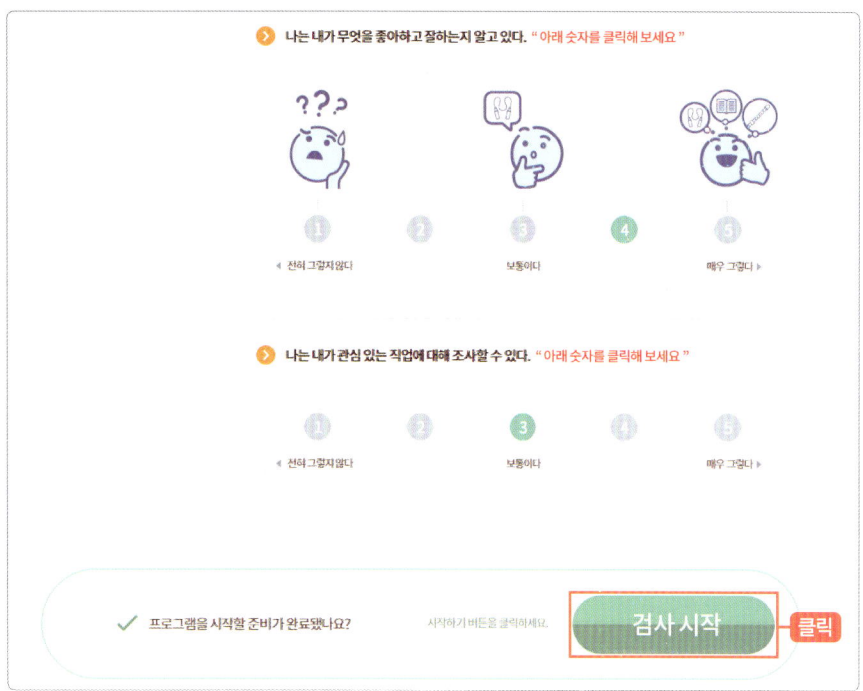

❼ 질문을 잘 읽고 해당하는 번호를 선택합니다.

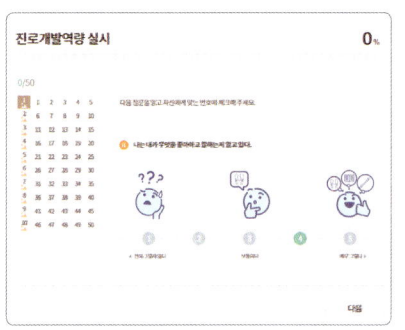  

❽ 모든 검사가 끝나면 <완료> 단추를 클릭합니다.

❾ <결과보기> 단추를 클릭하면 진로개발역량 결과를 확인할 수 있습니다.

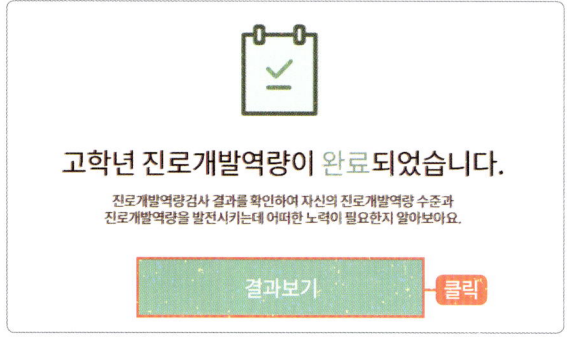

❿ 비회원은 고학년 진로개발역량 결과를 재확인 할 수 없기 때문에 결과표를 다운로드 받아야 합니다. <결과표 다운로드> 단추를 클릭합니다.

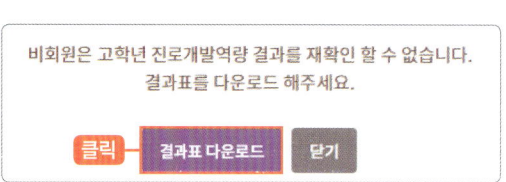

⓫ 진로개발역량 검사 결과가 'PDF' 파일로 다운로드가 되고 결과표가 나온 것을 확인할 수 있습니다.

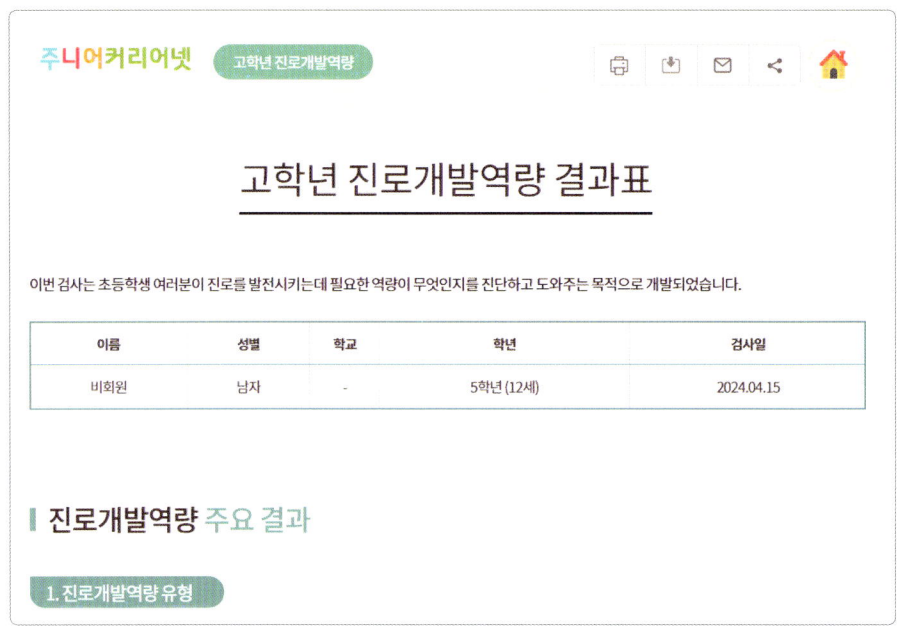

⓬ 주니어 커리어넷은 다양한 진로정보에 대한 프로그램으로 구성되어 있습니다.

⓭ 카테고리별 내용을 살펴보고 주니어커리어넷 프로그램을 실행해 봅니다.

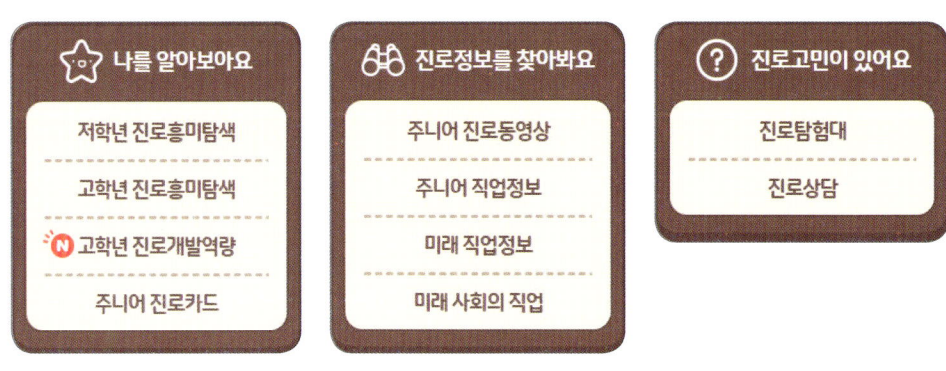

CHAPTER 20

■ 불러올 파일 : 없음　■ 완성된 파일 : 없음

 주니어 커리어넷 사이트에서 다양한 직업 정보에 대해 검색해 보고 나의 관심 직업에 대해 조사해 봅니다.

CHAPTER 20_ 진로개발역량 검사하기 • **149**

CHAPTER 21 진로개발역량 검사 발표 자료 만들기 1

학습목표 ● 진로개발역량 검사를 활용하여 발표 자료를 만들 수 있습니다.

■ 불러올 파일 : 없음   ■ 완성된 파일 : 진로개발역량검사(완성).show

완성작품 미리보기

오늘 배울 기능

슬라이드 마스터로 레이아웃 만들기, 표 삽입하고 꾸미기

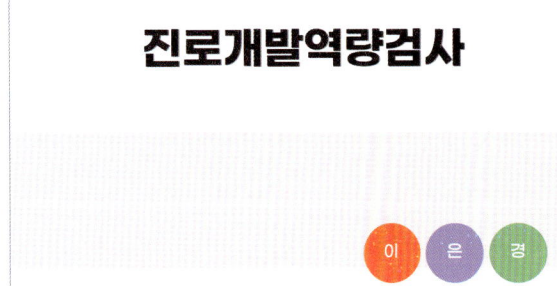

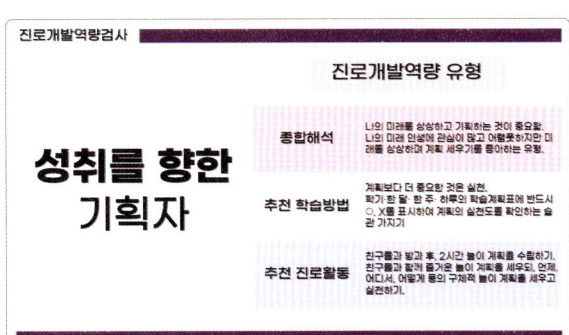

스토리 소개

진로개발 역량 검사 결과를 바탕으로 나의 진로개발역량 검사 발표 자료를 작성할 수 있습니다. 슬라이드 마스터, 표, 색상, 도형을 다양하게 활용해 봅니다.

제목 슬라이드 만들기

❶ [한쇼]를 실행한 다음 '새 문서'를 클릭한 후, [레이아웃]-'빈 화면'을 클릭합니다. 이어서, 슬라이드에 '진로개발역량검사'를 입력합니다.
   ※ 글꼴(G마켓 산스 TTF Bold), 글자 크기(72pt)

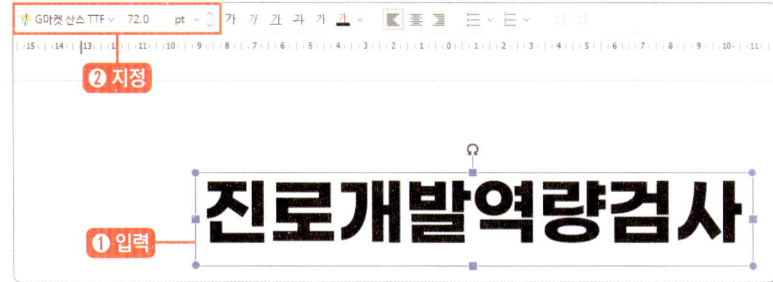

❷ [도형]-[자세히]-'직사각형'을 클릭한 다음 슬라이드에 삽입합니다.
   ※ 도형 채우기(시멘트색 60% 밝게), 도형 윤곽선(없음)

❸ [도형]-[자세히]-'타원'을 클릭한 다음 슬라이드에 삽입합니다.
   ※ 도형 채우기(주황), 도형 윤곽선(없음)

❹ '타원'을 선택하고 본인의 이름을 입력합니다.
   ※ 글꼴(G마켓 산스 TTF Medium), 글자 크기(28pt)

❺ '타원'을 선택한 다음 Ctrl + Shift 키를 누른채 오른쪽으로 드래그하여 타원을 두 개 더 복사합니다.

❻ 복사된 '타원'의 채우기 색을 변경합니다.
  ※ **타원 2** : 도형 채우기(하늘색)
     타원 3 : 도형 채우기(초록)

❼ '타원'에 본인의 이름을 입력합니다.

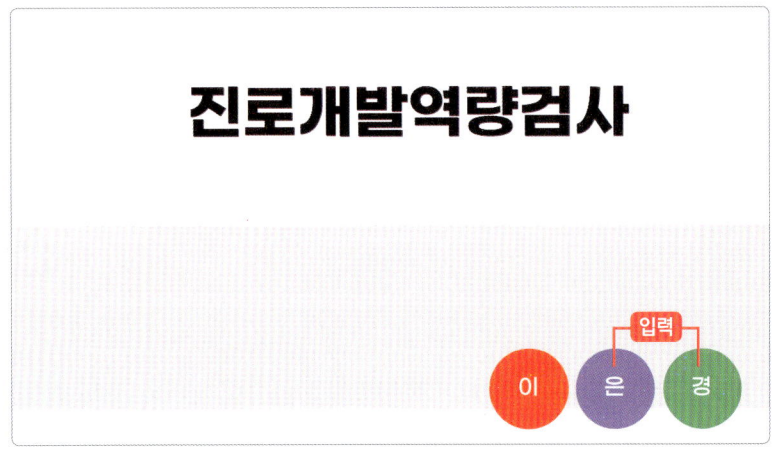

2 본문 슬라이드 만들기

❶ [보기] 탭-[슬라이드 마스터]를 클릭합니다.

❷ [빈 화면 레이아웃]을 클릭하고 마우스 오른쪽 단추를 눌러 [선택한 슬라이드 복제]를 클릭합니다.

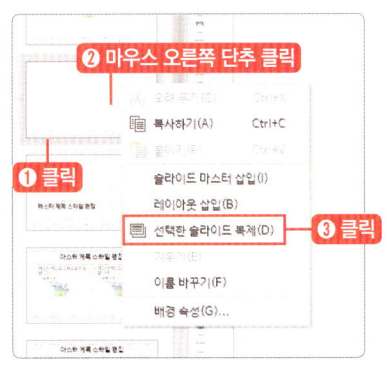

❸ 복제된 레이아웃 마스터를 선택한 다음 슬라이드 왼쪽 위에 '진로개발역량검사'를 입력합니다.
  ※ 글꼴(G마켓 산스 TTF Medium), 글자 크기 (24pt)

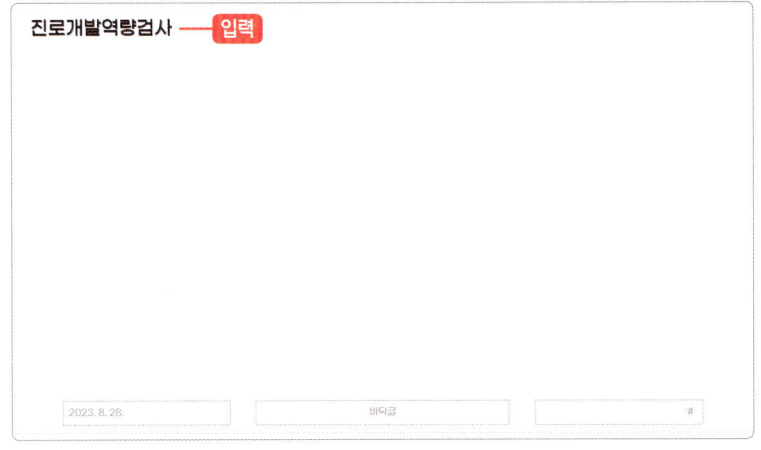

❹ [도형]-[자세히]-'직사각형' 도형을 선택한 다음 텍스트 뒤에서 오른쪽까지 드래그해서 삽입합니다.
※ 도형 채우기(검은 군청), 도형 윤곽선(없음)

❺ 직사각형 도형을 선택한 다음 Ctrl + Shift 키를 누른 채 드래그하여 아래쪽으로 복사하고 크기 조절점으로 높이를 줄여 얇은 줄로 변경합니다.

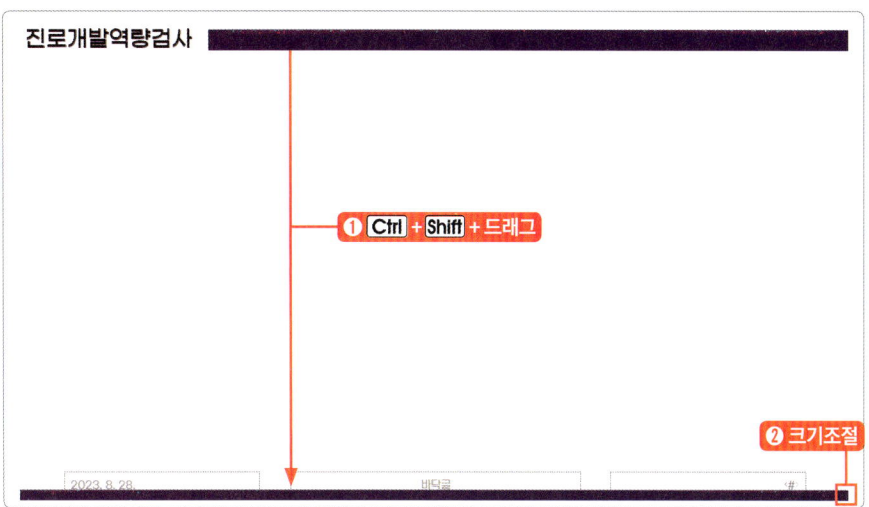

❻ [슬라이드 마스터] 탭-[닫기]를 클릭합니다.

❼ [편집] 탭-[새 슬라이드]-'1_빈 화면'을 클릭합니다.

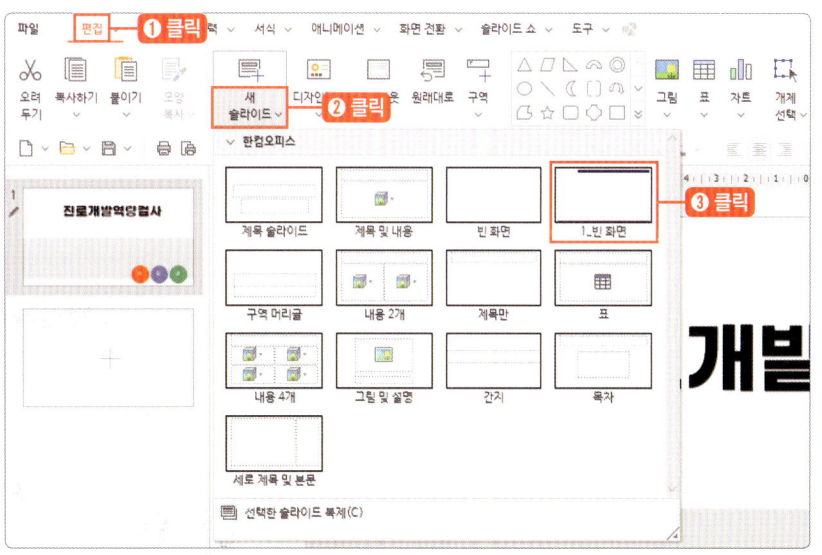

❽ 슬라이드에 '성취를 향한 기획자'를 입력합니다.
※ 글꼴(G마켓 산스 TTF Bold), 글자 크기(66pt), 가운데 정렬

❾ '기획자'를 드래그해서 글꼴(G마켓 산스 TTF Medium)으로 변경해 줍니다.

❿ [도형]-[자세히]-'모서리가 둥근 직사각형'을 드래그해서 삽입합니다.
   ※ 도형 채우기(시멘트색 60% 밝게), 도형 윤곽선(없음)

⓫ '모서리가 둥근 직사각형'을 클릭한 다음 '진로개발역량 유형'이라고 입력합니다.
   ※ 글꼴(G마켓 산스 TTF Medium), 글자 크기(32pt), 글자 색(검정)

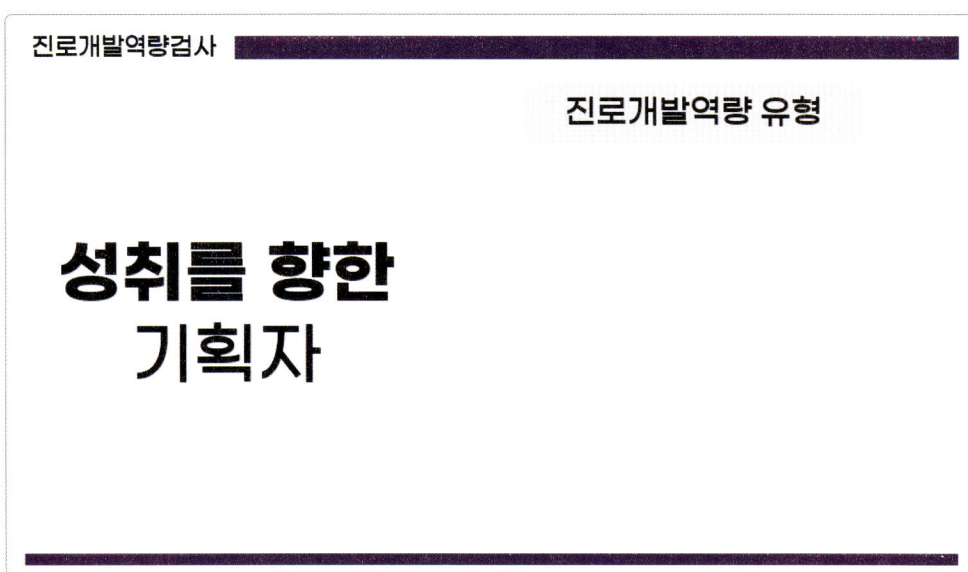

⓬ [입력] 탭-[표]-3X2 표를 삽입한 다음 크기 조절점으로 표 크기를 맞추고 진로개발역량 검사 내용을 입력합니다.
   ※ 이전 차시에서 나온 결과를 입력합니다.

⓭ 표의 각 칸을 드래그한 다음 채우기 색을 변경합니다.
   ※ 표 1 칸 : 스펙트럼(R:254, G:221, B:232)
      표 2 칸 : 스펙트럼(R:243, G:241, B:233)
      표 3 칸 : 스펙트럼(R:212, G:220, B:243)

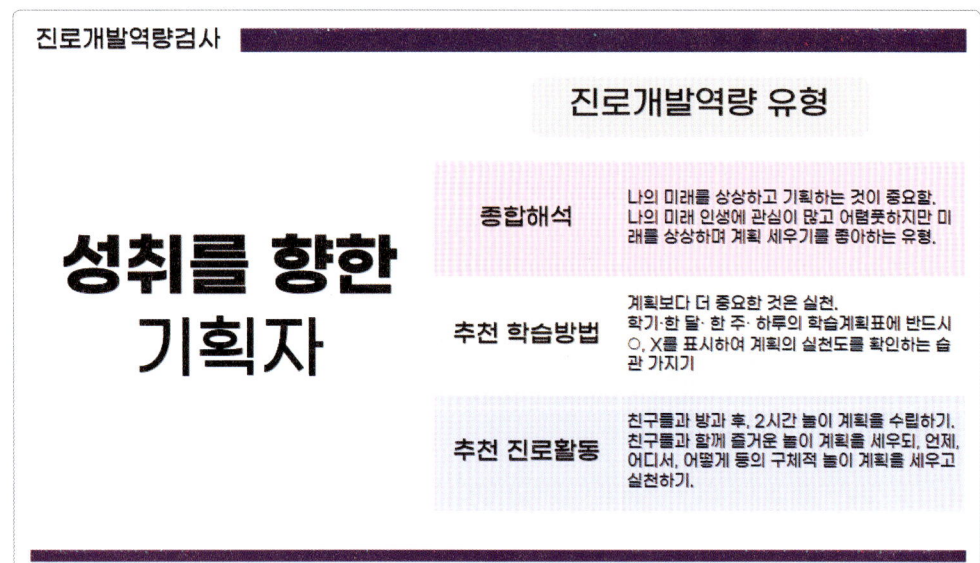

CHAPTER 21

■ 불러올 파일 : 없음   ■ 완성된 파일 : 21_연습하기(완성).show

1 진로개발역량 유형을 도형으로 디자인해 봅니다.

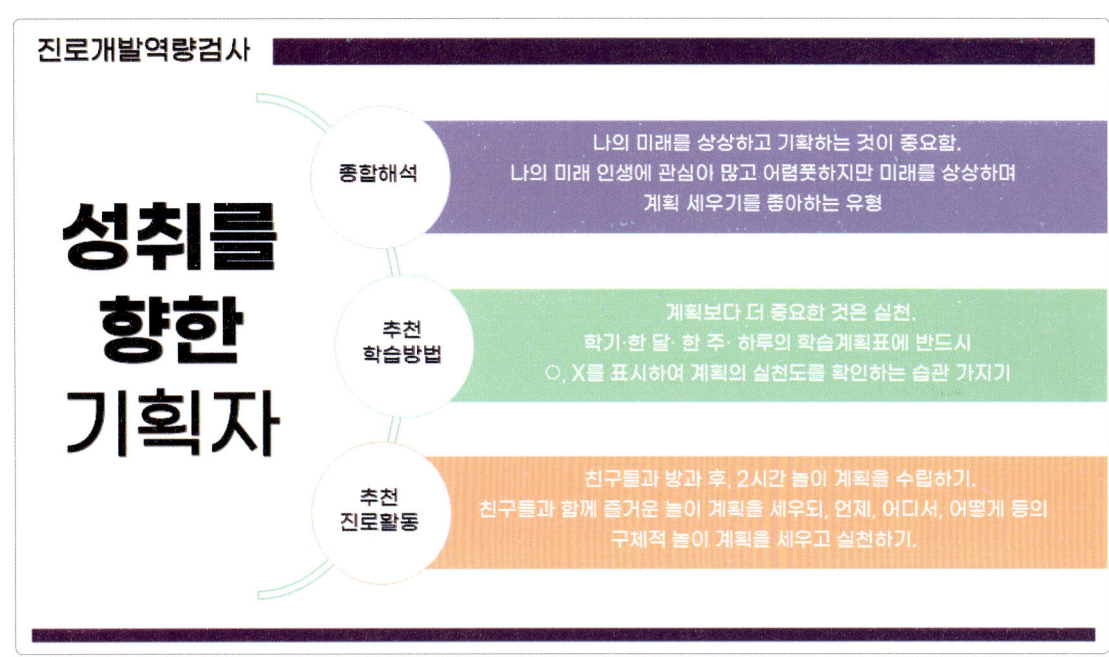

CHAPTER 22
진로개발역량 검사 발표 자료 만들기 2

학습목표
- 진로개발역량 검사를 활용하여 발표 자료를 만들 수 있습니다.
- 스크린샷으로 화면을 캡처할 수 있습니다.

📁 불러올 파일 : 진로개발역량검사.show   📁 완성된 파일 : 진로개발역량검사(완성).show

완성작품 미리보기

오늘 배울 기능
커리어넷에서 진로개발역량 검사하기

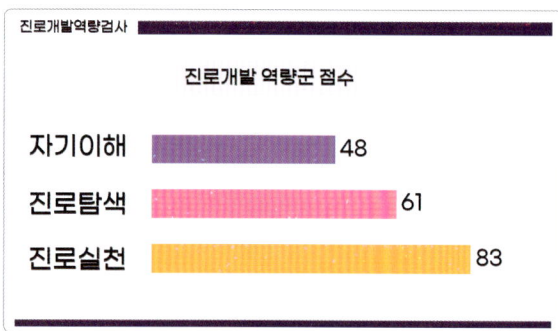

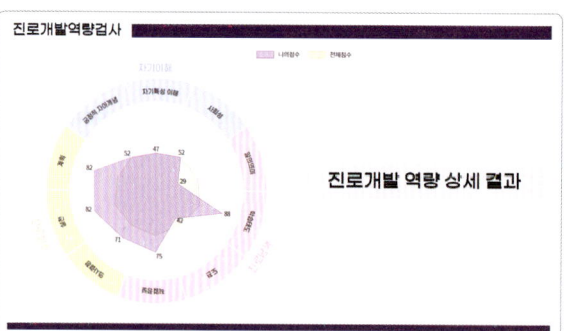

스토리 소개

진로개발역량 검사를 바탕으로 발표 자료를 작성할 때는 결과를 보기 쉽게 꾸미기 위해 폰트, 색상 등 디자인을 고려하여 작성해 봅니다.

1 본문 슬라이드 2 만들기

❶ '진로개발역량검사.show' 파일을 불러옵니다.

❷ '슬라이드 2'를 선택한 다음 [편집] 탭-[새 슬라이드]-'1_빈 화면'을 클릭합니다.

❸ 슬라이드에 '자기이해'를 입력합니다.
  ※ 글꼴(G마켓 산스 TTF Medium), 글자 크기(44pt)

❹ 텍스트를 클릭한 다음 [Ctrl] + [Shift] 키를 누른 상태에서 아래로 드래그하여 두 번 복사합니다.

❺ 복사된 텍스트를 다음과 같이 변경해 줍니다.

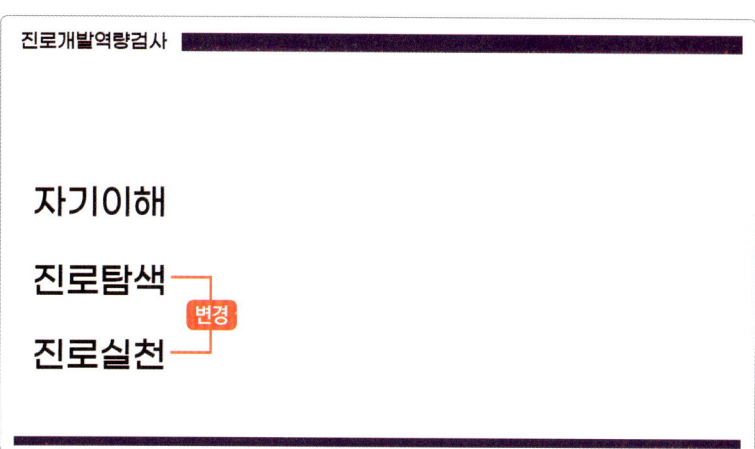

❻ [도형]-[자세히]-'직사각형'을 드래그해서 삽입합니다.
  ※ 스펙트럼(R:126, G:117, B:211) 도형 윤곽선(없음)

❼ [Ctrl] + [Shift] 키를 누른채 아래로 두 번 복사한 다음 채우기 색상을 변경합니다.
  ※ **도형 2 :** 스펙트럼(R:240, G:141, B:178)
     도형 3 : 스펙트럼(R:246, G:185, B:68)

❽ 복사된 텍스트를 다음과 같이 변경해 줍니다.

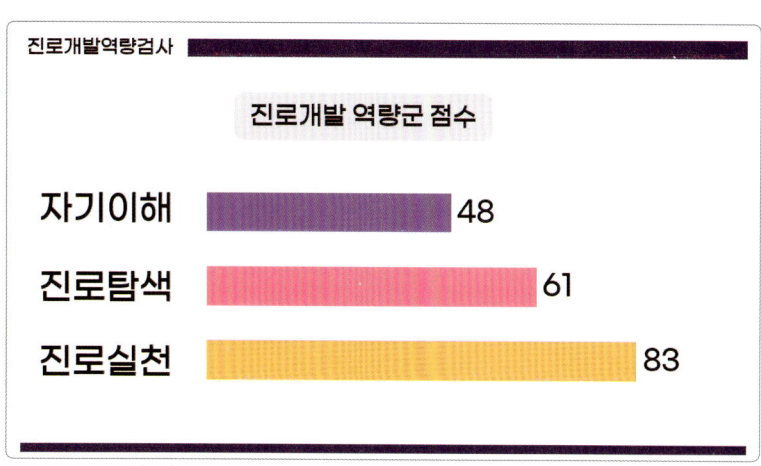

② 본문 슬라이드 3 만들기

❶ [편집] 탭-[새 슬라이드]-'1_빈 화면'을 클릭합니다.

❷ [입력] 탭-[그림]-[스크린 샷]-[화면 캡처]-진로개발역량 상세 결과 그래프를 캡처합니다.
   ※ [CHAPTER 20] 진로개발역량 검사하기 결과 파일을 열고 스크린샷을 준비합니다.

❸ 세 번째 슬라이드의 부제목을 복사해서 붙여준 다음 '진로개발 역량 상세 결과'로 변경합니다.

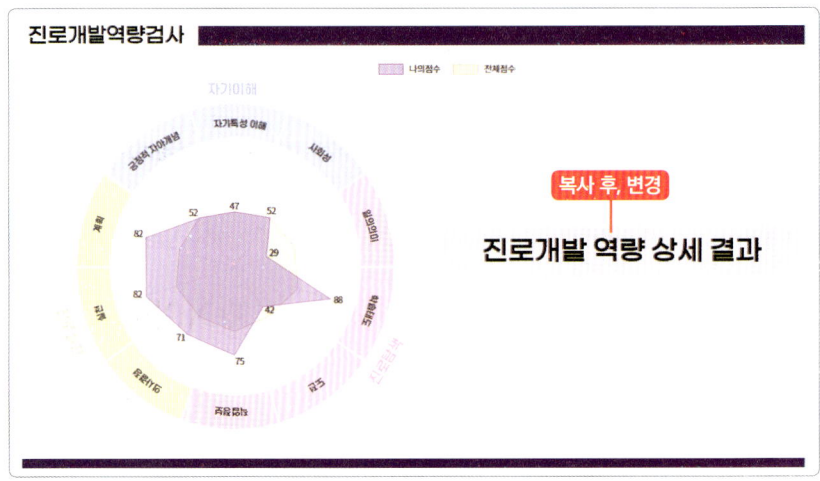

③ 본문 슬라이드 4 만들기

❶ [편집] 탭-[새 슬라이드]-'1_빈 화면'을 클릭합니다.

❷ 슬라이드의 부제목을 복사해서 붙여준 다음 '진로개발역량 하위역량별 결과'로 변경합니다.

❸ [도형]-[자세히]-'직사각형'을 드래그해서 삽입한 다음 '자기이해'를 입력합니다.
   ※ 도형 채우기(하양 5% 어둡게), 도형 윤곽선(없음), 글꼴(G마켓 산스 TTF Medium), 글자 크기(28pt)

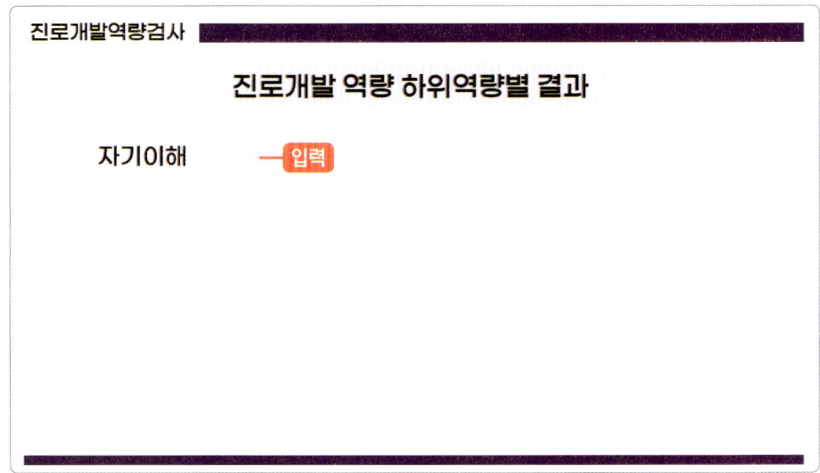

④ Ctrl + Shift 키를 누른 상태에서 오른쪽으로 드래그하여 두 번 복사한 다음 '진로 탐색', '진로 실천'으로 텍스트를 변경합니다.

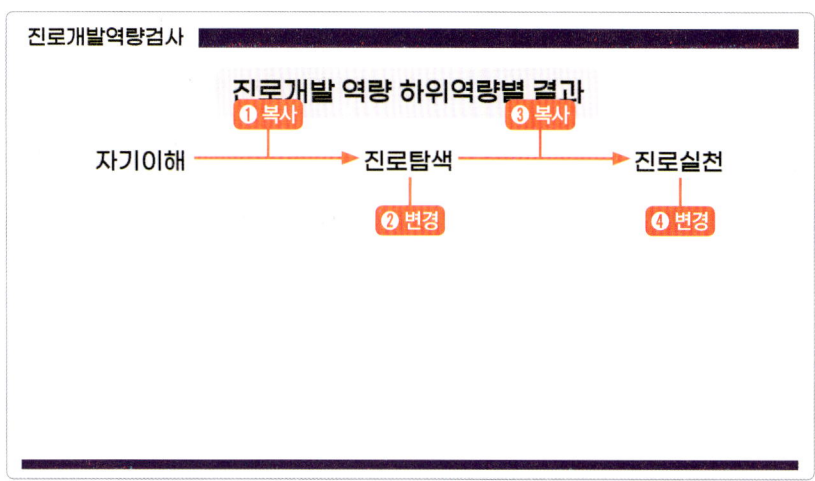

⑤ [도형]-[자세히]-'모서리가 둥근 직사각형'을 드래그해서 삽입합니다.
※ 스펙트럼(R:147, G:204, B:250) 도형 윤곽선(없음)

⑥ 도형을 선택하고 글꼴(G마켓 산스 TTF Bold), 글자 크기(18pt), 글자 색(하양)으로 변경한 다음 Ctrl + Shift 키를 누른 상태에서 아래로 두 번 드래그하여 복사합니다.

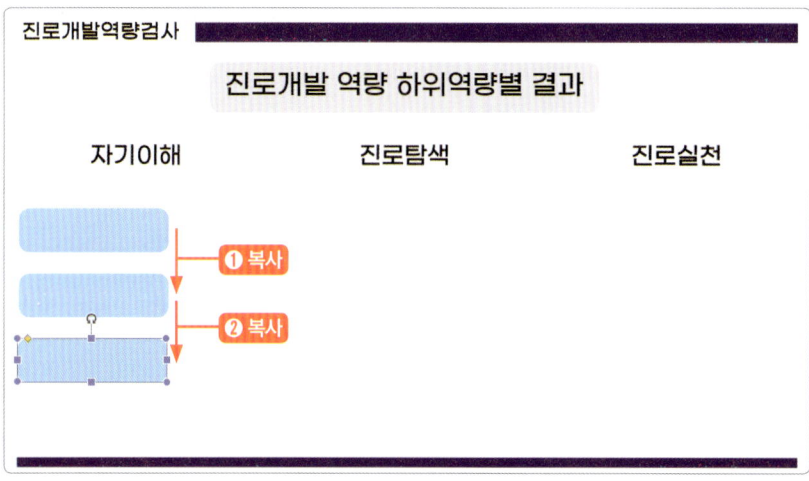

⑦ 둥근 모서리 도형을 모두 선택한 상태에서 오른쪽으로 두 번 드래그하여 복사합니다.

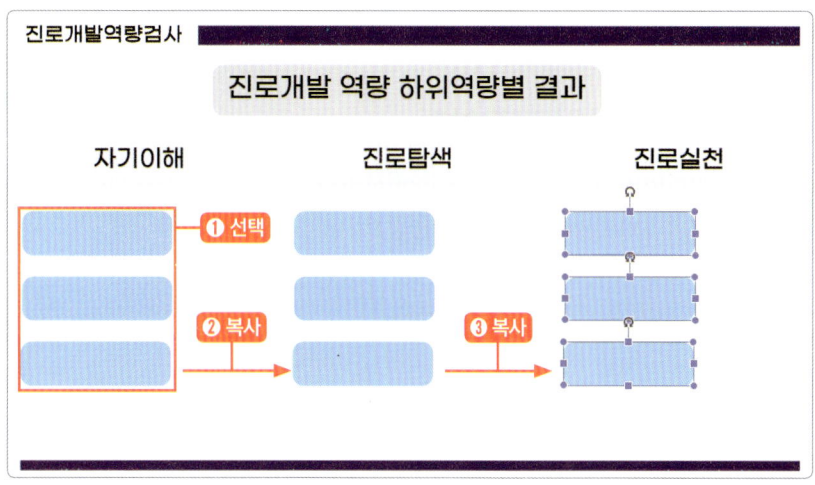

❽ 진로탐색줄의 도형을 한 개 더 만들기 위해 [Ctrl] + [Shift] 키를 누른 상태에서 아래로 드래그하여 복사한 다음 도형 4개를 모두 선택하고 채우기 색상을 변경합니다.
   ※ 스펙트럼(R:252, G:178, B:180)

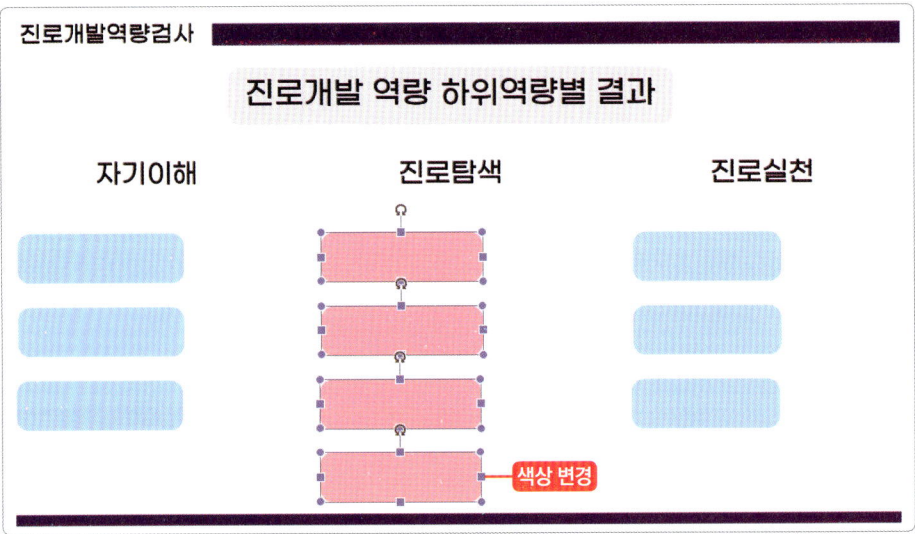

❾ 검사결과 내용을 입력하고 [입력] 탭-[그림]-[스크린 샷]-[화면 캡처]-진로개발역량 결과를 캡처해서 완성합니다.

4 작업파일 저장하기

❶ [파일]-[저장하기]를 클릭합니다.
   ※ 파일을 불러와서 작업했기 때문에 저장을 클릭하면 기존 파일의 내용에 새로 작업한 내용이 바뀌어 저장됩니다.

CHAPTER **22**

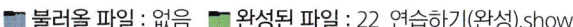

1 진로개발역량군 점수 그래프를 다른 디자인으로 변경해 봅니다.

CHAPTER 23 제주 소개 리플렛 만들기 1

학습목표
- 지역 소개 리플렛을 만들 수 있습니다.
- 레이아웃을 나누고 정렬로 디자인할 수 있습니다.

■ 불러올 파일 : 비행기.jpg, 바코드.jpg   ■ 완성된 파일 : 제주 리플렛 표지(완성).show

완성작품 미리보기

오늘 배울 기능
그림 삽입과 편집, 정렬

스토리 소개

리플렛이란 단장으로 이루어진 인쇄물이며, 일반적으로 A4, A3, B4, B5 등의 크기의 용지에 제작됩니다. 리플렛은 상품, 서비스, 회사, 행사 등에 대한 정보를 간결하고 명확하게 전달하는 데 사용됩니다.

1 여행 리플렛 표지 만들기

① [서식] 탭-[슬라이드 크기]-'쪽 설정'을 클릭하고 [쪽 설정] 대화상자가 나오면 [A4 용지(210×297mm)]를 선택한 다음 <확인> 단추를 클릭합니다.

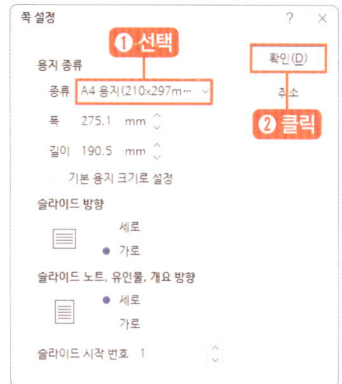

② [편집] 탭-[레이아웃]-'빈 화면'을 클릭합니다. 이어서, [도형]-[자세히]-'직사각형'을 드래그해서 삽입한 다음 높이(190.05mm), 너비(91mm)로 변경합니다.

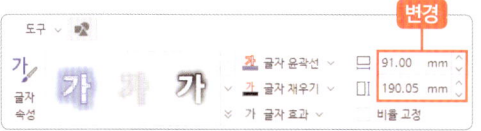

③ '직사각형' 도형을 선택한 다음 Ctrl + Shift 키를 누른 상태로 오른쪽으로 드래그하여 복사합니다.

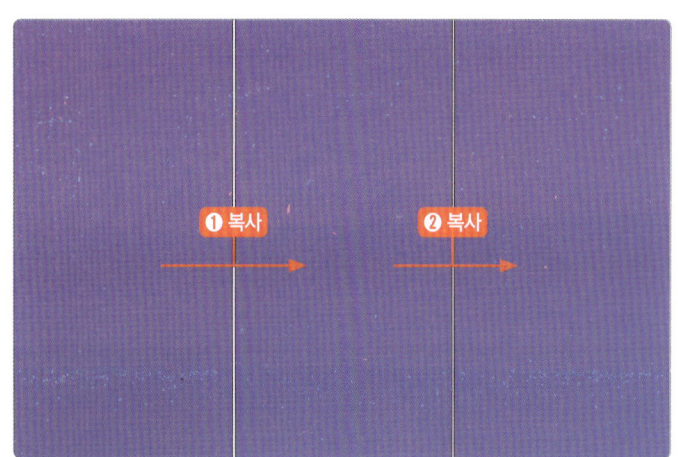

④ 도형의 채우기 색상을 변경합니다.
   ※ **첫 번째 사각형** : 스펙트럼(R:0, G:95, B:71), 도형 윤곽선(없음)
   두 번째, 세 번째 사각형 : 도형 채우기(하양)

❺ 글상자를 이용하여 '제주'를 입력하고 다음과 같이 위치를 변경합니다.
   ※ 글꼴(G마켓 산스 TTF Bold), 글자 크기(60pt), 글자 색(하양)

❻ [입력] 탭-[그림]을 클릭한 다음 [그림 넣기] 대화 상자에서 [불러올 파일]-[CHAPTER 23]-'비행기.jpg' 파일을 선택하고 <열기> 단추를 클릭합니다.

❼ [그림] 탭-[배경 제거]를 클릭한 다음 유지할 영역과 제거할 영역을 선택한 후, [변경 내용 유지]를 클릭합니다.

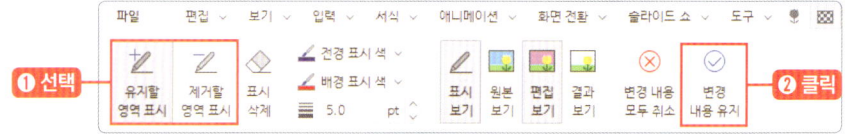

❽ '크기 조절점'과 '회전점'을 이용하여 비행기 크기와 각도를 조절한 다음 글상자를 이용하여 '떠나요~ 둘이서!'를 입력한 후, 비행기와 맞게 각도를 변경합니다.
   ※ 글꼴(배달의민족 을지로체 TTF), 글자 크기(20pt), 글자 색(하양)

⑨ [도형]-[자세히]-'타원'을 드래그해서 삽입합니다.
   ※ 도형 채우기(하양), 도형 윤곽선(없음)

⑩ '타원' 도형을 Ctrl 키를 누르면서 드래그로 여러 개의 도형을 복사한 다음 모두 선택하고 [도형] 탭-[그룹]-'개체 묶기'를 클릭하여 구름 모양을 만들어 줍니다. 이어서, 만들어진 구름을 복사한 다음 회전 점으로 방향을 회전시켜 줍니다.

⑪ [도형]-[자세히]- 오각형'을 드래그해서 삽입합니다.
   ※ 도형 채우기(하양), 도형 윤곽선(검정)

⑫ [입력] 탭-[그림]을 클릭한 다음 [그림 넣기] 대화 상자에서 [불러올 파일]-[CHAPTER 23]-'바코드.jpg' 파일을 선택한 후, <열기> 단추를 클릭하고 오각형에 맞춰 크기를 조절합니다.

⑬ Ctrl 키를 눌러 '오각형', '바코드'를 선택하고 [도형] 탭-[그룹]-'개체 묶기'를 클릭한 다음 회전점으로 방향을 회전시켜 줍니다.

⑭ [도형]-[자세히]-'원호'를 드래그해서 삽입합니다.
   ※ 도형 윤곽선(검정), 선 굵기(4.5pt)

⑮ '오각형' 도형을 선택하고 마우스 오른쪽 단추를 눌러 [순서]-[맨 앞으로]를 클릭합니다.

⑯ 글상자를 이용하여 'Only Jeju'를 입력하고 배치합니다.
   ※ 글꼴(G마켓 산스 TTF Medium), 글자 크기(32pt), 글자 색(하양)

2 작업파일 저장하기

① [파일]-[다른 이름으로 저장하기]를 선택하여 본인의 폴더를 선택한 후, 파일 이름을 '제주 리플렛'을 입력합니다. 이어서, <저장> 단추를 클릭합니다.

CHAPTER 23

■ 불러올 파일 : 갈매기.jpg, 부산.jpg, 파라솔.jpg   ■ 완성된 파일 : 23_연습하기(완성).show

1 다른 지역 리플렛 표지를 만들어 봅니다.

CHAPTER 24 제주 소개 리플렛 만들기 2

학습목표
- 이미지를 삽입하고 크기를 변경할 수 있습니다.
- 텍스트와 이미지를 정렬할 수 있습니다.

■ 불러올 파일 : 제주 리플렛.show   ■ 완성된 파일 : 제주 리플렛(완성).show

완성작품 미리보기

오늘 배울 기능

그림 삽입, 크기 변경, 텍스트 삽입, 정렬

스토리 소개

제주를 홍보하는 관광 리플렛을 만들어 봅니다. 먹을거리, 볼거리, 역사 등 다양한 정보와 체계적인 내용으로 구성해 봅니다.

1 여행 리플렛 속지 만들기

① '제주 리플렛.show' 파일을 불러옵니다.

② 글상자를 이용하여 '제주 먹을거리'를 입력하고 다음과 같이 위치를 변경합니다.
   ※ 글꼴(G마켓 산스 TTF Medium), 글자 크기(18pt)

③ [불러올 파일]-[CHAPTER 24]-'제주도.jpg' 파일을 삽입한 다음 이미지 크기를 조절하고 중앙 하단에 위치합니다.

위치 및 크기 조절

④ [불러올 파일]-[CHAPTER 24]-'성게미역국.jpg', '몸국.jpg', '흑돼지구이.jpg', '빙떡.jpg', '고등어회.jpg', '갈치구이.jpg' 파일을 Ctrl 키를 눌러 선택한 다음 <열기> 단추를 클릭합니다.

❺ 삽입된 그림 전체를 선택한 다음 [그림] 탭–[비율 고정] 체크를 해제하고 [높이:20mm, 너비:28mm]을 입력합니다.

❻ [맞춤] 기능을 활용하여 '제주 먹을거리' 텍스트 밑에 그림을 배치해 줍니다. 이어서, 글상자를 이용하여 '성게미역국'을 입력합니다.
  ※ 글꼴(G마켓 산스 TTF Medium), 글자 크기(11pt)

❼ 텍스트를 선택한 다음 Ctrl + Shift 키를 누른 상태에서 드래그하여 복사하고 텍스트 내용을 변경해서 입력합니다.

❽ 같은 방법으로 제주 볼거리도 완성해 줍니다.

❾ 글상자를 이용하여 '2007. 07. 02.'을 입력하고 다음과 같이 위치를 변경합니다.
   ※ 글꼴(G마켓 산스 TTF Medium), 글자 크기(16pt)

❿ 글상자를 이용하여 '세계자연유산 등재'를 입력하고 다음과 같이 위치를 변경합니다.
   ※ 글꼴(G마켓 산스 TTF Medium), 글자 크기(24pt)

⓫ [도형]-[자세히]-'모서리가 둥근 직사각형'을 삽입합니다.
   ※ 도형 채우기(하양 5% 어둡게), 도형 윤곽선(없음)

⓬ 도형을 클릭한 다음 텍스트를 입력합니다.
   ※ **텍스트 내용 :** '제주도는 2007년 우리나라 최초로 '제주 화산섬과 용암동굴' 이라는 이름으로 세계자연유산에 등재되었다. 등재된 곳은 한라산 천연보호구역, 성산일출봉, 거문오름 용암동굴개로 제주도 전체 면적의 약 10%를 차지한다.'
   글꼴(G마켓 산스 TTF Medium), 글자 크기(12pt)

⓭ [불러올 파일]-[CHAPTER 24]-'한라산.jpg', '성산일출봉.jpg', '만장굴.jpg' 파일을 Ctrl 키를 눌러 모두 선택하고 <열기> 단추를 클릭합니다. 이어서, 크기를 조정한 다음 다음과 같이 텍스트를 입력합니다.
   ※ 그림(높이:20mm, 너비:28mm), 글꼴(G마켓 산스 TTF Medium), 글자 크기(11pt)

⑭ [도형]-[자세히]-'선'을 클릭한 다음 드래그해서 삽입합니다.
   ※ 도형 윤곽선(검정), 선 굵기(1pt), 선 종류(파선)

⑮ 글상자를 이용하여 '제주 4.3 평화공원'을 입력하고 다음과 같이 위치를 변경합니다.
   ※ 글꼴(배달의민족 을지로체 TTF), 글자 크기(20pt)

⑯ 글상자를 이용하여 '잊지 말아야할 제주도 역사'를 입력하고 다음과 같이 위치를 변경합니다.
   ※ 글꼴(G마켓 산스 TTF Medium), 글자 크기(12pt)

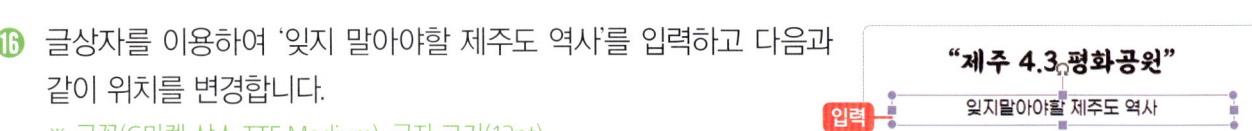

⑰ [불러올 파일]-[CHAPTER 24]-'제주평화공원.jpg' 파일을 선택하고 <열기> 단추를 클릭합니다.

⑱ 그림 파일의 크기를 변경한 다음 배치합니다.
   ※ 그림(높이: 48mm, 너비: 72mm)

2 작업파일 저장하기

❶ [파일]-[저장하기]를 클릭합니다.
   ※ 파일을 불러와서 작업했기 때문에 저장을 클릭하면 기존 파일의 내용에 새로 작업한 내용이 바뀌어 저장됩니다.

CHAPTER 24

■ 불러올 파일 : 연습1.jpg ~ 연습4.jpg   ■ 완성된 파일 : 24_연습하기(완성).show

① 제주를 소개하는 다른 내용의 속지를 만들어 봅니다.

■ 불러올 파일 : 없음   ■ 완성된 파일 : 종합평가01(완성).show

1 아래와 같은 인포그래픽을 만들어 봅니다.

사용한 도형 : 눈물방울, 직사각형, 타원, 육각형
글꼴 : G마켓 산스 TTF Medium

■ 불러올 파일 : 종합평가02.show   ■ 완성된 파일 : 종합평가02(완성).show

2 점 편집을 이용하여 아래와 같은 말풍선을 만들어 봅니다.
말풍선 그림 위에서 선을 따라 편집하면 쉽게 만들 수 있습니다.

K마블 소개

아카데미소프트와 코딩아지트의 컴교실 타자 프로그램

[K마블이란?]

[K마블 인트로]

▶ 아직도 막 쳐! **'K마블'** 이라고 들어봤니?
▶ 키보드타자 + 마우스 + 문제해결능력은 물론 **블록코딩**과 **학습게임**까지
▶ 타자치는 인공지능 로봇 **키우스봇**과 함께하는 학습게임 타자 프로그램
▶ 모든 연습 내용은 **문해력**에 필요한 단어, 문장으로 구성
▶ 대전게임, 단어 연상 게임, 그래픽 고도화가 **업데이트** 되었습니다. 앞으로도 사용자 환경등 **지속적인 업데이트** 예정입니다.

> K마블이 V 1.1로 업데이트 되었어요!
> 영어 버전도 준비하고 있어요^^

전체 메뉴

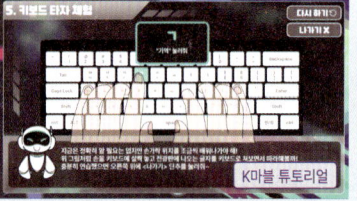
K마블 튜토리얼

커스텀 프로필

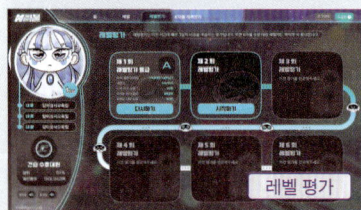
레벨 평가

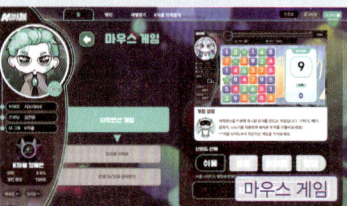
마우스 게임

온라인 대전

▶ **커스텀 프로필**
자신의 캐릭터를 꾸밀 수 있는 기능이 추가되었습니다. 캐릭터의 머리, 얼굴, 옷, 장신구를 변경하여 자신만의 개성있는 캐릭터를 만들어 봅니다.

▶ **레벨평가 시안성**
레벨평가 화면이 이전 화면 보다 보기 좋게 변경되었습니다. 배운 내용을 복습하여 높은 점수에 도전해 봅니다.

▶ **마우스 학습 게임 - 사칙연산 게임**
사칙연산을 이용해 제시된 숫자를 만드는 게임입니다. 난이도에 따라 더하기, 빼기, 곱하기, 나누기를 이용하여 제시된 숫자를 만들어 봅니다. 쉬움 난이도부터 게임을 익혀 봅니다.

▶ **온라인 대전 게임 - 영토 사수 작전**
친구들과 일대일 온라인 대전 게임으로 오타 없이 빨리 타자를 입력하여 영토를 지배하는 게임입니다. 비슷한 타수의 친구와 대결하면 재미있는 승부를 볼 수 있습니다.

 ※ K마블 영어 버전은 2025년 상반기에 출시될 예정이에요^^

컴퓨터 타자 활용 능력 자격 평가 안내

컴퓨터 자격증의 시작!
컴퓨터 타자 활용 능력

시행처 : 국제자격진흥원

[민간자격등록]
K마블 한글타자(2024-001827)
K마블 영문타자(2024-002318)

▶ 자격증 개요
'컴퓨터 타자 활용 능력' 자격 평가 시험은 컴퓨터 입문자를 위한 기초 자격시험으로 ITQ 및 DIAT 등 컴퓨터 자격시험 이전에 간단한 타자 능력을 평가하는 기초 자격 평가 시험입니다.

▶ 시험 과목 및 출제 기준
컴퓨터 기초 이론 + 마우스 + 키보드(타자) + 문제해결능력(블록 코딩)으로 구성

시험과목	시간	문항수	배점	등급
컴퓨터 기초 이론	10	10	100	A등급 → 900점 이상
마우스 사용 능력	10	2	300	B등급 → 800점 이상
키보드(타자) 사용 능력	10	2	300	C등급 → 700점 이상
문제해결능력	10	2	300	D등급 → 600점 이상

▶ 자격증 특징
✓ **누구나 쉽게 온라인으로 진행**
- 교육기관에서는 단체 시험을 누구나 쉽게 온라인으로 원서접수 및 자격시험을 볼 수 있습니다.
- 교육기관은 교육 현장에서 교육 후 바로 시험을 볼 수 있습니다.
- 개인 응시자도 방문 접수 및 집체 시험 없이 온라인으로 원서접수 및 자격시험을 볼 수 있습니다.

✓ **타자 능력을 평가하는 컴퓨터 기초 시험입니다.**
- OA 과정 또는 ITQ 및 DIAT 등 컴퓨터 전문 자격증을 취득하기 이전에 필요한 기초 타자 자격 시험입니다.
- 컴퓨터를 처음 접하는 입문자들에게 컴퓨터 기초 지식과 타자 및 마우스 사용 능력을 평가하는 시험입니다.

✓ **학습과 시험이 간단 명료합니다.**
- K마블과 교재로 학습하고 해당 내용에서 출제하는 간단한 시험입니다.

✓ **모든 시험이 CBT 방식으로 컴퓨터에서 모두 시행됩니다.**
- 시험의 모든 과목이 컴퓨터에서 진행됩니다.

※ **2025년 상반기 첫 시험**이 시행됩니다. (별도 공지)

아카데미소프트 홈페이지 소개

새롭게 리뉴얼된 아카데미소프트 홈페이지!!

▶ **선생님**과 더 가까이!
▶ 쉽고 빠르게 자료 **다운로드**
▶ 다양한 & **주요 정보**는 선생님과 **신속 공유!**

새롭게 개편될
2025년
아카데미소프트 홈페이지

▲ 심플한 화면 구성
교재 정보와 해당 자료를 쉽게 찾을 수 있도록 구성하였습니다. 또한 바로 가기 메뉴에는 자주 사용하는 핵심 메뉴로 구성되었습니다. 또한 스마트폰과 태블릿 PC에서도 홈페이지 화면을 최적화 하여 모든 자료를 볼 수 있습니다.

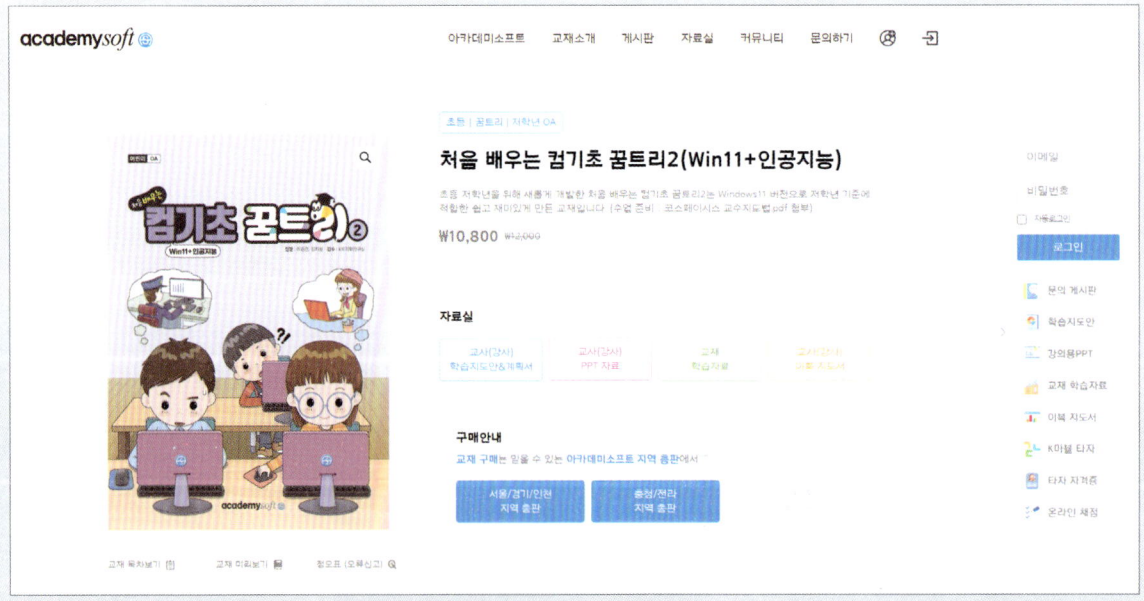

▲ 원 클릭 다운로드
교재 상세 페이지는 교재 설명과 자료를 모아 놓았습니다. 해당 교재 클릭 후 오른쪽에 쉽고 빠르게 다운로드 받을 수 있도록 메뉴를 배치 하였습니다.

MEMO

MEMO